독일어 B1 필수어휘

WORTLISTE B1

안내

시작하기 전에

본 도서는 레벨에 꼭 맞는 어휘와 표현으로 B1 레벨에 핵심적인 어휘들을 모두 공부할 수 있습니다. 특히 테마별로 정리된 어휘 목록을 통해서 보다 체계적으로 학습할 수 있으며 예문 역시 B1레벨에 맞는 문장을 통해 보다 깊이있게 어휘를 이해하고 연습할 수 있습니다. 따라서 본 교재를 통해 공부하실 때, 모든 어휘는 필수 어휘이기 때문에 B1과정을 마치기 전 빠짐없이 암기하시고, 특히 어휘마다 제시된 문장들은 B1수준에 맞는 예제이므로 문장 안에서 어휘의 의미를 깊이 파악하시길 바랍니다. 더불어 제공된 오디오 음원을 통해 각 어휘 및 표현들의 발음을 잘 듣고 따라해주세요. 오디오 음원은 교재 뒷면 QR코드를 통해 들으실 수 있습니다.

범례

범례 1. 명사의 성 표기

독일어 명사가 가진 고유한 성에 따라 정관사로 명사 앞에 성을 표시하였습니다. 간혹 두 가지 성(특히 남성과 여성)이 함께 표기되는 경우가 있는데 이는 해당 명사가 동사의 과거분사(Partizip II)로부터 비롯되어 남성명사 및 여성명사로 모두 사용될 수 있음을 의미합니다. 이런 명사들은 형용사 변화에 따라서 명사의 어미가 변화하기 때문에 주의를 요합니다.

예)

범례 2. 명사의 복수형 표기

명사의 복수형이 있는 경우 명사에 이어 괄호 안에 표기하였습니다. 대부분 복수형을 약어로 표기하였으니 범례를 확인해주세요.

예)

002	002
das Gespräch (-e)	대화
Das Gespräch mit meinem Chef war eine reine Katastrophe.	내 상사와의 대화는 완전한 재앙이었다.
die Katastrophe	재앙

복수형 표기

-en	en을 단수형 끝에 추가	-s	s를 단수형 끝에 추가
-n	n을 단수형 끝에 추가	-se	se를 단수형 끝에 추가
-e	e를 단수형 끝에 추가	-nen	nen을 단수형 끝에 추가
⸚e	e를 단수형 끝에 추가하고 명사의 a, o, 혹은 u를 변모음으로 변경	-ren	단수형 끝 rum을 ren으로 변경
-	단수형과 복수형이 같음	-xes	단수형 끝 xis을 xen으로 변경
⸚	명사의 a, o, 혹은 u를 변모음으로 변경	-va	단수형 끝 vum을 va으로 변경
-er	er를 단수형 끝에 추가	-ien	ien을 단수형 끝에 추가 혹은 단수형 끝 ium을 ien으로 변경
⸚er	er를 단수형 끝에 추가하고 명사의 a, o, 혹은 u를 변모음으로 변경		

• 복수형 전체를 표기한 경우 혹은 복수형 2가지를 표기한 경우도 있음

범례 3. 약어 표

frml. (formell)	격식체	Akk. (Akkusativ)	4격
Dat. (Dativ)	3격	jmdn. (jemanden)	사람 4격
Jmdm. (jemandem)	사람 3격	jmds. (jemandes)	사람 2격
ugs. (umgangssprachlich)	일상 용어		
meist Sg. (meist Singularwort)	대체로 단수형으로 사용		
nur Sg. (nur Singularwort)	단수형으로만 사용		
meist Pl. (meist Pluralwort)	대체로 복수형으로 사용		
nur Pl. (nur Pluralwort)	복수형으로만 사용		

독일어 학습에 대한 문의가 있나요?
독독독으로 언제든 연락주세요.

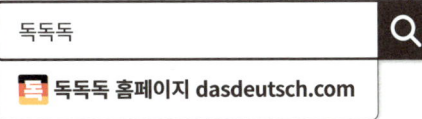

독독독 홈페이지 dasdeutsch.com

목차

안내

목차

Sprache — 언어 — 6

- Sprechen — 말하다 — 6
- Sprachenlernen — 언어학습 — 13
- Über die Sprache — 언어에 관하여 — 20
- 연습문제 — 28

Meinung / Diskussion — 의견 / 토론 — 32

- Meinung — 의견 — 32
- Diskussion — 토론 — 40
- Konnektoren — 연결어 — 51
- 연습문제 — 54

Medien und Technik — 미디어와 기술 — 58

- Medien — 미디어 — 58
- Soziale Medien — 소셜미디어 — 68
- Technik — 기술 — 74
- 연습문제 — 82

Gesundheit — 건강 — 86

- Gesundheit — 건강 — 86
- Im Krankenhaus — 병원에서 — 91
- Krankheit — 질병 — 98
- 연습문제 — 108

Arbeit — 일 — 110

- Art der Arbeit — 일의 종류 — 110
- Bewerbung — 지원 — 122
- 연습문제 — 130

Urlaub und Freizeit — 휴가와 여가시간 — 134

- Urlaub — 휴가 — 134
- Freizeit — 여가시간 — 144
- 연습문제 — 158

Erfahrungen im Leben — 인생의 경험 — 160
- Vergangenheit — 과거 — 160
- Gegenwart — 현재 — 164
- Zukunft — 미래 — 177
- 연습문제 — 184

Beziehungen — 관계 — 188
- Beziehung — 관계 — 188
- Charakter — 성격 — 196
- Emotion — 감정 — 204
- 연습문제 — 210

Umwelt — 환경 — 212
- Klima — 기후 — 212
- Energie — 에너지 — 217
- Umwelt — 환경 — 225
- 연습문제 — 236

Gesellschaft und Recht — 사회와 법 — 238
- Gesellschaft — 사회 — 238
- Recht — 법 — 245
- Auslandsaufenthalt — 해외 체류 — 256
- 연습문제 — 262

Politik und Geschichte — 정치와 역사 — 264
- Politik — 정치 — 264
- Geschichte — 역사 — 275
- 연습문제 — 284

정답 — 286
듣기 지문 — 292

Sprache
언어

sprechen	말하다
001 **fließend sprechen** (ugs.) Ich spreche fließend Japanisch.	**001** 유창하게 말하다 나는 일본어를 유창하게 해.
002 **das Gespräch** (-e) Das Gespräch mit meinem Chef war eine reine Katastrophe. die Katastrophe	**002** 대화 내 상사와의 대화는 완전한 재앙이었다. 재앙
003 **ein Gespräch führen** Wenn Sie ein gutes Gespräch führen wollen, dann müssen Sie gut zuhören lernen. zuhören	**003** 대화를 이끌다 좋은 대화를 이끌고 싶다면, 잘 경청하는 법을 배워야 합니다. 경청하다
004 **kommunizieren** Wir kommunizieren auch, wenn wir nichts sagen.	**004** 소통하다 우리는 아무 말하지 않아도 소통한다.

005

die Kommunikation (-en)

Bei zwischenmenschlicher Kommunikation kommt es nicht selten zu Missverständnissen.

zwischenmenschlich • es kommt zu...

005

소통

사람 사이 소통에서 오해가 드물지 않게 일어난다.

사람 사이에 • ~이 일어나다

006

das Missverständnis (-se)

Der Streit zwischen den Schülern beruhte auf einem Missverständnis.

beruhen auf Dat.

006

오해

그 학생 간 싸움은 오해에서 비롯됐다.

~에서 비롯되다, ~에 근거하다

007

schreien

Warum schreit unser Chef in den Besprechungen eigentlich immer so?

die Besprechung

007

소리 지르다

왜 우리 사장은 회의에서 항상 저렇게 소리를 지르지?

회의

008

anschreien

Meine Frau hat mich gestern angeschrien, als sie gesehen hat, dass ich mal wieder das Holzbrett in die Spülmaschine gelegt hatte.

das Holzbrett

008

고함치다

내 아내는 어제 내가 또 나무 도마를 식기 세척기에 넣은 것을 보고 내게 고함쳤다.

나무 도마

009

reden

Sie redet wie ein Wasserfall.

der Wasserfall

009

이야기하다

걔는 폭포수처럼 끊임없이 말을 쏟아내.

폭포

010 ●●●

Unsinn reden (ugs.)

Hör auf, so einen Unsinn zu reden.

010

허튼소리 하다

그런 허튼소리 하는 거 그만둬.

---

011 ●●●

rufen

Hast du mich gerufen?

011

부르다

너 나 불렀어?

---

012 ●●●

verstehen

Wenn ich mit einem Muttersprachler spreche, verstehe ich kaum etwas.

012

이해하다

나는 원어민과 말할 때면 거의 아무것도 이해 못 해.

---

013 ●●●

quatschen

Ich quatsche gern mit meinen Freunden im Café.

013

수다 떨다

나는 친구들과 카페에서 수다 떠는 걸 좋아해.

---

014 ●●●

plaudern

Wir haben die ganze Nacht lang geplaudert.

014

떠들다

우리는 밤새 떠들었어.

015

erklären
Ich versuchte, dem Polizisten die Situation zu erklären.

015

설명하다
나는 경찰에게 상황을 설명하려 시도했어.

016

die **Erklärung** (-en)
Aber meine Erklärung war umsonst.

016

설명
하지만 내 설명은 무의미했지.

017

beschreiben
Ich habe sogar den Verbrecher bis ins kleinste Detail beschrieben.
der Verbrecher

017

묘사하다
나는 심지어 범인을 가장 세밀한 사항까지 묘사했어.
범인

018

die **Beschreibung** (-en)
Die Beschreibung des Verdächtigen war nicht ausreichend.
der Verdächtige • ausreichend

018

묘사
용의자의 묘사는 불충분했어.
피의자 • 충분한

019

mitteilen
Ich wollte dir nur mitteilen, dass ich meinen Job gekündigt habe.

019

전하다
나는 내가 직장을 그만뒀다고 네게 그저 전하려고 했을 뿐이야.

sprechen 말하다

020 ● ● ●

die **Mitteilung** (-en)
Die Kündigungsfrist beginnt mit dem Einreichen einer schriftlichen Mitteilung.
die Kündigungsfrist • einreichen

020

통보
해약 고지 기간은 서면 통보 제출로 시작한다.

해약 고지 기간 • 제출하다

---

021 ● ● ●

besprechen
Dieses Problem müssen wir erst einmal besprechen.

021

논의하다
이 문제를 우리는 우선 논의해야 해.

---

022 ● ● ●

die **Besprechung** (-en)
Die Besprechung hat Stunden gedauert.

022

논의, 회의
이 논의는 몇 시간 동안 지속됐다.

---

023 ● ● ●

präsentieren
Nächste Woche muss ich mein Projekt präsentieren.

023

발표하다
난 다음 주에 내 프로젝트를 발표해야 해.

---

024 ● ● ●

die **Präsentation** (-en)
Die Präsentation war gut gegliedert und sehr informativ.
gliedern • informativ

024

발표
발표는 잘 정리되었고 아주 유익했다.

정리하다 • 유익한

025

ausrichten
Richte deinen Eltern liebe Grüße von mir aus.

025

(안부를) 전하다
너희 부모님께 내 안부 전해 줘.

026

der **Dialog** (-e)
Der Dialog zwischen den Parteien blieb ergebnislos.

die Partei • ergebnislos

026

대화
정당 간 대담은 성과가 없는 채로 남았다.

정당 • 성과가 없는

027

ergänzen
Zudem möchte ich noch etwas ergänzen.

027

보충하다
아울러 나는 뭔가 더 보충하고 싶어.

028

verständlich
Der Lehrer erklärt auch schwierige Themen verständlich.

028

이해가 가는
그 교사는 어려운 주제도 이해가 가도록 설명한다.

029

der **Dialekt** (-e)
In Deutschland sprechen viele Leute einen Dialekt.

029

방언
독일에서는 많은 사람이 방언을 쓴다.

sprechen 말하다

030

übersetzen

Dieser Text muss vom Deutschen ins Koreanische übersetzt werden.

030

번역하다

이 글은 독일어에서 한국어로 번역되어야 한다.

031

die **Übersetzung** (-en)

Selbst eine gute Übersetzung ist leider nur eine Übersetzung.

selbst

031

번역

비록 좋은 번역이라도 아쉽지만 그냥 번역일 뿐이다.

~조차, 비록 ~라도

032

der **Übersetzer** (-)
die **Übersetzerin** (-nen)

Der Text eines schlechten Übersetzers klingt unnatürlich.

032

번역가

형편없는 번역가의 글은 부자연스럽게 들린다.

033

dolmetschen

Könnten Sie bitte das Gespräch ins Englische dolmetschen?

033

통역하다

혹시 이 대화를 영어로 통역해 주실 수 있습니까?

034

der **Dolmetscher** (-)
die **Dolmetscherin** (-nen)

Ein Dolmetscher übersetzt gesprochene Texte mündlich.

034

통역가

통역가는 발화된 원문을 구두로 번역한다.

Sprachenlernen	언어학습

035
die Sprachschule (-n)
Ich gehe seit 3 Wochen in eine Sprachschule, um Französisch zu lernen.

035
어학원
나는 3주째 프랑스어를 배우러 어학원을 다녀.

036
der Sprachkurs (-e)
Ich habe mal einen 3-monatigen Sprachkurs besucht.

036
어학 수업
나는 세 달짜리 어학 수업을 들어 봤어.

037
der Deutsch- / Koreanischkurs
Warum machst du einen Koreanischkurs?

037
독일어/한국어 수업
너는 왜 한국어 수업을 듣니?

038
mehrsprachig
Viele Kinder wachsen heutzutage mehrsprachig auf.

038
다국어인
많은 아이가 오늘날에는 다국어를 쓰도록 자란다.

039
bilingual zweisprachig
Viele Länder fördern bilinguales Lernen.
fördern

039
이중 언어인
많은 나라가 이중 언어 학습을 장려한다.
장려하다

040

klingen
Du klingst schon wie eine richtige Deutsche!

040

(~하게) 들리다
너 이미 진짜 독일인(이 말하는 것)처럼 들려!

041

das Niveau (-s)
Diese Prüfung testet Ihre Sprachkenntnisse auf dem B1-Niveau.
testen

041

수준
이 시험은 여러분의 언어 실력을 B1 수준에서 시험합니다.
시험하다

042

die Sprachkenntnis (-se) (meist Pl.)
Es tut uns leid, aber Ihre Sprachkenntnisse im Englischen reichen für diese Stelle nicht aus.
ausreichen • die Stelle

042

어학 지식
죄송합니다만, 당신의 영어 어학 지식은 이 자리에 충분하지 않습니다.
충분하다 • 자리, 일자리, 직무

043

die Sprachkenntnisse verbessern
Ich möchte meine Sprachkenntnisse verbessern.

043

어학 지식을 높이다
나 내 어학 지식을 높이고 싶어.

044

über Sprachkenntnisse verfügen
Sie müssen über deutsche Sprachkenntnisse auf dem C1-Niveau verfügen, wenn Sie in Deutschland studieren möchten.

044

어학 지식을 지니다
당신이 독일에서 대학교를 다니고 싶다면, C1 수준의 독일어 어학 지식을 지녀야 합니다.

045
die **Fremdsprachenkenntnis** (-se) (meist Pl.)
Ohne Fremdsprachenkenntnisse hast du bei einem internationalen Unternehmen keine Chance.
keine Chance haben

045
외국어 지식
외국어 지식 없이 너는 국제적 기업에서 기회가 없어.
기회가 없다

046
beherrschen
Es ist definitiv von Vorteil, wenn man zumindest eine Fremdsprache beherrscht.
von Vorteil sein • zumindest

046
구사하다
최소한 외국어 하나를 구사한다면, 확실히 유리하다.
유리하다 • 최소한

047
bedeuten
„Bilingual" bedeutet, dass man zwei Sprachen spricht, also zweisprachig ist.

047
뜻하다
"이중 언어"는 두 개의 언어를 말하는, 즉 두 개의 언어를 구사한다는 뜻이다.

048
die **Bedeutung** (-en)
Viele Wörter haben mehr als eine Bedeutung.

048
뜻, 의미
많은 단어가 하나 이상의 의미를 가지고 있다.

049
die **Definition** (-en)
Eine Definition ist eine genaue Erklärung der Bedeutung eines Begriffes oder eines Ausdrucks.

049
정의
정의란 개념이나 표현의 의미의 정확한 설명이다.

050

definieren
Manche Wörter lassen sich nur sehr schwer definieren.

050

정의하다
몇몇 단어는 아주 어렵게 정의할 수밖에 없다.

051

hilfreich
Dieses Buch ist sehr hilfreich.

051

도움이 되는
이 책은 아주 도움이 돼.

052

praktisch
Eine Mikrowelle ist sehr praktisch.

052

편리한
전자레인지는 아주 편리하다.

053

der **Akzent** (-e)
Wenn er Englisch spricht, hat er einen starken spanischen Akzent.

053

강세, 억양
걔는 영어를 할 때 강한 스페인어 억양을 가지고 있다.

054

akzentfrei
Sie spricht akzentfrei Chinesisch.

054

외국인 억양 없이
걔는 외국인 억양 없이 중국어를 해.

055 ●●●

aussprechen
Das Wort „Rendezvous" spricht man wie „Ronn-deh-wuh" aus.

055

발음하다
"Rendevous"라는 단어는 "론데부"처럼 발음한다.

---

056 ●●●

die **Aussprache**
Deine Aussprache ist wirklich ausgezeichnet.

056

발음
네 발음은 정말로 특출 나.

---

057 ●●●

betonen
Den Namen „Elisabeth" betont man auf der zweiten Silbe.

die Silbe

057

강세를 두다
"Elisabeth"라는 이름은 두 번째 음절에 강세를 둔다.

음절

---

058 ●●●

die **Betonung** (-en) (meist Sg.)
Bei manchen Verben entscheidet die Betonung über die Bedeutung.

entscheiden über Akk.

058

강세
몇몇 동사의 경우 강세가 뜻을 결정한다.

~을 결정하다

---

059 ●●●

die **Grammatik** (-en) (meist Sg.)
Wie lernen eigentlich Kinder Grammatik?

059

문법
아이들은 대체 어떻게 문법을 배우는 걸까?

Sprachenlernen 언어학습 17

060 ● ● ●

auswendig lernen
Das muss man einfach auswendig lernen.

060

외우다
이건 그냥 외워야 해.

061 ● ● ●

die **Vokabel** (-n)
Bitte lernt die neuen Vokabeln.

061

어휘
새로운 어휘 공부 좀 해.

062 ● ● ●

das (Sprach-)**Tandem** (-s)
Viele machen ein Tandem, um besser zu sprechen.

062

(언어) 짝꿍
많은 사람이 더 잘 말하려고 언어 짝꿍을 만든다.

063 ● ● ●

verbessern
Du kannst dein Deutsch verbessern, indem du Texte zu sehr unterschiedlichen Themen liest.
indem • das Thema

063

향상하다
너는 아주 다양한 주제로 된 글을 읽어서 네 독일어를 향상할 수 있어.
~함으로써 • 주제

064 ● ● ●

das **Zertifikat** (-e)
Wenn Sie die C1-Prüfung bestehen, erhalten Sie ein Zertifikat.

064

증명서
당신이 C1 시험에 합격하면 증명서를 받습니다.

065 ● ● ●

die **Prüfung** (-en)
Fandest du die B1-Prüfung auch so schwer?

065

시험
B1 시험도 그렇게 어렵다고 느꼈어?

---

066 ● ● ●

eine **Prüfung bestehen**
Ich habe die B1-Prüfung erst im dritten Versuch bestanden.

der Versuch

066

시험에 합격하다
나는 B1 시험을 세 번째 시도에서야 합격했어.

시도

---

067 ● ● ●

durch eine **Prüfung fallen**
Als ich gesehen habe, dass ich durch die Prüfung gefallen bin, war ich sehr traurig.

067

시험에 떨어지다
내가 그 시험에 떨어진 것을 봤을 때 나는 매우 슬펐다.

---

068 ● ● ●

der **Nachweis** (-e)
Der Nachweis ausreichender Deutschkenntnisse erfolgt durch ein Zertifikat.

erfolgen

068

증명
충분한 독일어 실력 증명은 증명서를 통해 이뤄진다.

결과로 일어나다, 생기다

---

069 ● ● ●

nachweisen
Sie müssen nachweisen, dass Sie Deutsch auf einem bestimmten Niveau beherrschen.

069

증명하다
당신은 당신이 독일어를 특정한 수준으로 구사한다는 점을 증명해야 합니다.

über die Sprache — 언어에 관하여

070

die **Fremdsprache** (-n)
Wer eine Fremdsprache lernt, braucht viel Geduld.
die Geduld

070

외국어
외국어를 배우는 사람은 많은 인내가 필요하다.
인내

071

das **Fremdwort** (¨er)
Das Wort „Manga" ist ein Fremdwort aus dem Japanischen.

071

외래어
"Manga"라는 단어는 일본어에서 온 외래어다.

072

Zweitsprache (-n)
Viele lernen Englisch als die Zweitsprache und Deutsch als Drittsprache.

072

제2언어
많은 사람이 영어를 제2언어로, 독일어를 제3언어로 배운다.

073

die **Muttersprache** (-n)
Wer seine eigene Muttersprache nicht richtig sprechen kann, hat Probleme beim Lernen einer Fremdsprache.

073

모국어
자신의 모국어를 올바로 말하지 못하는 사람은 외국어를 배울 때 문제가 있다.

074

der **Muttersprachler** (-)
die **Muttersprachlerin** (nen)
Wenn du wie ein Muttersprachler sprechen willst, musst du sehr viel Arbeit ins Lernen stecken.

074

원어민
만약 네가 원어민처럼 말하고 싶다면, 너는 학습에 아주 많은 노력을 기울여야 해.

075 ● ● ●

die **Rechtschreibung** (-en)
(meist Sg.)
Selbst für Muttersprachler ist die deutsche Rechtschreibung nicht einfach.

075

정서법

원어민에게조차 독일어 정서법은 쉽지 않다.

076 ● ● ●

großschreiben
Im Deutschen schreiben wir Nomen groß.

076

첫 글자를 대문자로 쓰다

독일어에서 명사는 첫 글자를 대문자로 쓴다.

077 ● ● ●

kleinschreiben
Im Deutschen schreiben wir alle Adjektive klein.

077

첫 글자를 소문자로 쓰다

독일어에서 모든 형용사는 첫 글자를 소문자로 쓴다.

078 ● ● ●

das **Nomen** (-)
Ein Nomen kann man ganz einfach erkennen.
erkennen

078

명사

명사는 아주 쉽게 알아챌 수 있다.
알아채다

079 ● ● ●

das **Pronomen** (-)
Wir benutzen Pronomen, weil wir nicht immer und immer wieder das gleiche Nomen benutzen wollen.

079

대명사

계속해서 같은 명사를 다시 쓰고 싶지 않기 때문에 대명사를 쓴다.

080 ● ● ●

das **Personalpronomen** (-)

Deutsche Personalpronomen sind zum Beispiel „ich", „ihm", „ihr" oder „dich".

080

인칭 대명사

독일어 인칭 대명사는 예를 들어 ich, ihm, ihr, dich가 있다.

081 ● ● ●

das **Reflexivpronomen** (-)

Ein Reflexivpronomen bezieht sich auf das Subjekt des Satzes.

sich beziehen auf Akk.

081

재귀 대명사

재귀 대명사는 문장의 주어와 연관이 있다.

~와 관련이 있다

082 ● ● ●

das **Relativpronomen** (-)

Ein Relativpronomen ersetzt ein Nomen in einem Relativsatz.

ersetzen

082

관계 대명사

관계 대명사는 관계문에서 명사 하나를 대체한다.

대체하다

083 ● ● ●

das **Verb** (-en)

„suchen" und „finden" sind zwei Verben, für die es im Koreanischen nur ein Wort gibt.

083

동사

"suchen"과 "finden"은 한국어로는 하나의 단어밖에 없는 두 개의 동사이다.

084 ● ● ●

das **Hilfsverb** (-en)

Für die Vergangenheit, die Zukunft und Passivkonstruktionen braucht man Hilfsverben.

084

보조동사

과거, 미래, 수동태 구성에는 보조동사가 필요하다.

085 ● ● ●

das **Modalverb** (-en)
Im Deutschen gibt es sechs Modalverben: können, müssen, sollen, dürfen, wollen und mögen.

085

화법 조동사
독일어에는 여섯 개의 화법 조동사가 있는데, können, müssen, sollen, dürfen, wollen, mögen이다.

086 ● ● ●

das **Adjektiv** (-e)
Wenn ein Adjektiv vor einem Nomen steht, wird es an das Genus, den Kasus und den Numerus des Nomens angepasst.
anpassen

086

형용사
형용사가 명사 앞에 위치하면 이는 그 명사의 성, 격 그리고 수에 맞춰진다.

맞추다

087 ● ● ●

das **Adverb** (-ien)
Adverbien beziehen sich auf Verben, Adjektive oder ganze Sätze.

087

부사
부사는 동사, 형용사나 문장 전체와 연관이 있다.

088 ● ● ●

der **Artikel** (-)
„der", „die" und „das" sind Artikel.

088

관사
"der", "die" 그리고 "das"는 관사이다.

089 ● ● ●

die **Präposition** (-en)
Präpositionen geben ein zeitliches oder räumliches Verhältnis an.
angeben • das Verhältnis

089

전치사
전치사는 시간이나 공간적 관계를 표시한다.

표시하다 • 관계, 상황

090

die **Konjunktion** (-en)
Mit einer Konjunktion verbindet man ganze Sätze oder Satzteile.
verbinden

090

접속사
접속사로 문장 전체나 일부를 연결한다.

연결하다

091

der **Vokal** (-e)
Wie viele Vokale gibt es im Deutschen?

091

모음
독일어에는 몇 개의 모음이 있나요?

092

der **Konsonant** (-en)
Das Wort „Maske" hat 3 Konsonanten und 2 Vokale.

092

자음
"Maske"라는 단어는 자음 세 개, 모음 두 개가 있다.

093

die **Silbe** (-n)
Der Name „Elisabeth" hat vier Silben, nämlich e-li-sa-beth.

093

음절
"Elisabeth"이라는 이름은 음절이 네 개, 즉 e, li, sa, beth이 있다.

094

das **Ausrufezeichen** (-)
Das Ausrufezeichen markiert einen Satz, den man mit lauter Stimme spricht.
die Stimme

094

느낌표
느낌표는 큰 목소리로 말하는 문장을 표시한다.

목소리

24 Sprache

095
der **Doppelpunkt** (-e)
Ein Doppelpunkt wird unter anderem benutzt, wenn man in einem Text wörtliche Rede benutzt.
unter anderem • wörtliche Rede

095
쌍점
쌍점은 특히 원문을 인용할 때 사용된다.

그 외에도, 특히 • 인용

096
die **Umgangssprache** (-n) (meist Sg.)
In der deutschen Umgangssprache bedeutet das Wort „Kohle" Geld.

096
일상 용어
독일어 일상 용어에서 "석탄"은 돈을 뜻한다.

097
umgangssprachlich
Umgangssprachliche Wörter sind oft nicht so einfach zu verstehen.

097
일상 용어로
일상 용어로 쓰는 단어는 종종 이해하기 그리 쉽지 않다.

098
die **Redewendung** (-en)
Die Redewendung „ins Gras beißen" bedeutet „sterben".

098
숙어
숙어 "풀을 씹다"는 "죽다"라는 뜻이다.

099
die **Abkürzung** (-en)
„Ugs." ist eine Abkürzung für Umgangssprache.

099
약어
"ugs."는 "일상 용어"의 약어이다.

100 ● ● ●

das **Synonym** (-e)

„Die Apfelsine" und „die Orange" sind Synonyme. Sie haben exakt die gleiche Bedeutung.

exakt

100

동의어

"Apfelsine"와 "Orange"는 동의어이다. 이것들은 정확히 같은 뜻을 지닌다.

정확한

Memo

연습문제　　Sprache　언어

1 Ordne die grammatischen Begriffe den einzelnen Wörtern im Satz zu.

Adjektiv, Adverb, Artikel, Hilfsverb, Konjunktion, Modalverb, Nomen, Personalpronomen, Präposition (+ Artikel), Reflexivpronomen, Relativpronomen, Verb

Beispiel: Margarete hat sich ein Brötchen gekauft und es nicht gegessen.
Nomen - Hilfsverb - Reflexivpronomen - Artikel - Nomen - Verb - Konjunktion - Personalpronomen - Adverb - Verb

ⓐ Margarete kann heute nicht auf das Konzert von BTS gehen.

ⓑ Margarete mag ihre Kollegin nicht, weil die Kollegin immer pupst.

ⓒ Margarete hat eine Katze, die immer neben das Katzenklo macht.

2 Analysiere die vorgegebenen Wörter.

Beispiel: Autowerkstatt
Konsonanten
geschrieben:	t, w, r, k, s, t, t, t	8개
gesprochen:	t, w, r, k, sch, t, t	7개

Vokale
geschrieben:	a, u, o, e, a	5개
gesprochen:	a, u, o, e, a	5개
Silben:	au-to-werk-statt	4개
Betonung:	AU-to-werk-statt	auf der ersten Silbe

ⓐ Diktatur
Konsonanten
geschrieben:
gesprochen:
Vokale
geschrieben:
gesprochen:
Silben:
Betonung:

ⓑ Dschungel
Konsonanten
geschrieben:
gesprochen:
Vokale
geschrieben:
gesprochen:
Silben:
Betonung:

ⓒ Haustür
Konsonanten
geschrieben:
gesprochen:
Vokale
geschrieben:
gesprochen:
Silben:
Betonung:

연습문제

Sprache 언어

3 **Hör dir den Dialog an. Im Dialog fehlen 6 Wörter. Ergänze beim Hören das passende Wort.**

Aussprache   auswendig gelernt   Grammatik   klinge   üben   Zertifikat

Max: Janine, hast du die Mathe-Hausaufgaben gemacht?

Janine: Ne, Max, ich hatte gestern echt keine Zeit. Wir haben ja morgen unsere Klassenarbeit in Französisch.

Max: Ja, dafür lerne ich auch schon die ganze Zeit. Gestern habe ich 2 Stunden lang Vokabeln ① _____ .

Janine: 2 Stunden Vokabeln? Das ist ja nichts. Du, ich habe die ganze ② _____ von vorne bis hinten wiederholt. Ich weiß jetzt, wie man Verben in die Vergangenheit setzt und wie man das Futur bildet.

Max: Ja, das muss ich auch noch machen. Ich finde ja die ③ _____ extrem schwierig. Ich weiß nie, welche Buchstaben man ignoriert und auf welcher Silbe man die Wörter betonen muss.

Janine: Wenn du willst, können wir uns ja mal zusammensetzen und das gemeinsam üben. Meine Aussprache ist auch nicht perfekt. Ich ④ _____ so, als hätte ich Schnupfen.

Max: Ja, lass uns das machen. Ich will irgendwann auch eine richtige Prüfung ablegen, um ein ⑤ _____ für das C1-Niveau zu bekommen. Mein großer Traum ist es, in Paris zu leben und zu arbeiten.

Janine: Ernsthaft? Ich hatte gar keine Ahnung, dass du dorthin ziehen willst. OK, dann treffen wir uns heute nach der Schule, um Französisch zu ⑥ _____ .

Max: Geht klar. Aber von wem bekomme ich jetzt die Mathe-Hausaufgaben?

4 Finde die Wörter im Buchstabengitter.

Die Wörter können horizontal von rechts nach links bzw. von links nach rechts und vertikal von oben nach unten bzw. von unten nach oben geschrieben sein. Die Umlaute ü, ö und ä sind als ue, oe bzw. ae wiedergegeben. Alle Wörter sind Verben.

Buchstabengitter

B	R	M	I	N	E	I	E	R	H	C	S	N	A
E	U	G	B	A	J	R	Y	N	K	R	A	N	K
T	F	O	E	B	H	C	S	Q	L	A	S	S	O
O	Q	I	T	A	I	X	R	U	I	L	N	Z	R
K	K	A	O	F	E	P	K	B	U	H	E	A	T
A	L	K	N	E	F	U	R	U	A	V	H	H	E
Y	G	U	E	I	I	A	D	L	E	R	C	L	X
M	Z	S	N	E	H	C	E	R	P	S	S	U	A
U	P	F	A	R	L	O	B	A	J	E	R	T	I
T	K	O	M	M	U	N	I	Z	I	E	R	E	N
V	M	Z	I	E	H	E	N	Z	A	N	E	D	E
B	H	P	C	I	N	K	C	I	P	U	H	O	G
S	E	U	E	B	E	R	S	E	T	Z	E	N	N
X	I	O	T	E	F	L	O	N	S	P	B	E	E

ⓐ etwas einer Person mit sehr lauter Stimme sagen, meistens weil man wütend oder verärgert ist
ⓑ mit oder ohne Worte Gedanken oder Gefühle austauschen
ⓒ die Fähigkeit haben, etwas sehr gut zu benutzen, z. B. eine Sprache oder ein Musikinstrument
ⓓ ein Wort mit der Stimme produzieren
ⓔ eine von mehreren Silben besonders stark sagen
ⓕ etwas Geschriebenes von einer Sprache in eine andere Sprache bringen
ⓖ laut etwas äußern, damit Personen, die weiter weg sind, es auch hören können

Meinung / Diskussion
의견 / 토론

Meinung	의견
101 ●●● die **Meinung** (-en) Was ist deine Meinung zu diesem Thema?	101 의견, 생각 이 주제에 대한 네 생각은 뭐야?
102 ●●● die **Ansicht** (-en) Meiner Ansicht nach ist dieses Thema sehr interessant.	102 견해 내 견해로는 이 주제는 매우 흥미로워.
103 ●●● die **Auffassung** (-en) Ich bin da anderer Auffassung.	103 의견 나는 이에 대해 다른 의견이야.
104 ●●● eine **Ansicht haben** Manche Menschen haben sehr unterschiedliche Ansichten. unterschiedlich	104 견해가 있다 몇몇 사람들은 아주 다른 견해들을 갖고 있다. 다양한

105
einer anderen Meinung sein
Egal, was du sagst, sie ist immer einer anderen Meinung.

105
다른 생각이다
네가 뭐라고 하든 상관 없이 걔는 항상 다른 의견이야(의견이 달라).

106
jmds. Meinung nach
Meiner Meinung nach gibt es noch eine bessere Lösung.

106
~의 생각에 따르면
내 생각에 더 나은 해결책이 아직 있어.

107
der gleichen Auffassung sein
Ich bin genau der gleichen Auffassung.

107
같은 의견이다
나는 바로 같은 의견이야(그 의견과 같아).

108
die Meinung ändern
Es ist nicht leicht, seine Meinung zu ändern.

108
생각을 바꾸다
걔 생각을 바꾸긴 쉽지 않아.

109
zustimmen
Da kann ich dir nur zustimmen.

109
동의하다
그건 네게 동의할 수밖에 없네.

Meinung 의견 33

110

teilweise zustimmen
Dem kann ich nur teilweise zustimmen.

110

부분적으로 동의하다
그거에 대해 내가 부분적으로만 동의할 수 있을 거 같아.

111

recht haben
Du hast vollkommen recht.
vollkommen

111

옳다
네가 전적으로 옳아.
완전한, 온전한

112

recht geben
Da muss ich dir recht geben.

112

옳다고 인정하다
그건 네가 옳다고 인정해야겠네.

113

auch so sehen
Das sehe ich auch so.

113

역시 그렇게 보다
나 역시 그렇게 봐.

114

anders sehen
Ich sehe die Sache ein wenig anders.

114

다르게 보다
나는 그거 조금 다르게 봐.

115
ähnlich sehen
Ich sehe das ähnlich wie du.

115
비슷하게 보다
나는 그거 너와 비슷하게 봐.

116
stimmen
Sag mal, stimmt es, dass die U-Bahn heute die ganze Nacht fährt?

116
맞다
말해 봐, 오늘 지하철 밤새 다니는 거 맞지?

117
halten (für Akk.)
Ich halte das für eine schlechte Idee.

117
(~라고) 간주하다
나는 그거 나쁜 생각이라고 봐.

118
halten (von Dat.)
Was hältst du davon, wenn wir später was trinken gehen?

118
(~에 관해) 생각하다
우리 이따가 한잔하러 가는 거 어떻게 생각해?

119
wichtig sein
Mir ist wichtig, dass ich Tieren so wenig Leid wie möglich zufüge.
Leid zufügen

119
중요하다
동물에게 가능한 한 적은 고통을 주는 것이 내겐 중요해.
고통을 가하다

Meinung 의견 35

120
gerecht/ungerecht
Ich finde diese Aufteilung ungerecht.

120
공평한/불공평한
나는 이 분배가 불공평하다고 생각해.

121
Wert legen (auf Akk.)
Ich lege sehr viel Wert auf Intelligenz.

121
(~을) 중시하다
나는 지능을 아주 많이 중시해.

122
bevorzugen
Unter den Weinen bevorzuge ich süßliche Weine.

122
선호하다
포도주 중에 나는 단 와인을 선호해.

123
von Bedeutung sein (für Akk.)
Eine nährstoffreiche Ernährung ist von großer Bedeutung für die Gesundheit.
nährstoffreich • die Ernährung

123
(~에) 의미가 있다
풍부한 영양 섭취는 건강에 아주 큰 의미가 있다.

영양이 풍부한 • 영양 섭취

124
ansehen
Dass Kinder religiös erzogen werden dürfen, wird als ganz normal angesehen.
erziehen

124
여기다
아이들이 종교적으로 교육받도록 허용하는 것은 매우 평범한 것으로 간주된다.

기르다, 교육하다

36 Meinung / Diskussion

125 ● ● ●
eine Rolle spielen
Welche Rolle spielt das Leben nach dem Tod?

125
역할을 하다
죽음 후의 삶은 어떤 역할을 할까?

126 ● ● ●
begründen
Eine Aussage sollte immer begründet werden.
die Aussage

126
근거를 대다, 근거를 밝히다
진술은 항시 근거가 뒷받침되어야 한다.
진술, 증언, 발언

127 ● ● ●
der **Aspekt** (-e)
Wir dürfen uns nicht ausschließlich auf die finanziellen Aspekte des Vorschlags konzentrieren.
ausschließlich • sich konzentrieren auf Akk.

127
관점
우리는 오로지 그 제안의 금전적인 관점에만 집중해서는 안 된다.
오로지, 배타적인 • ~에 집중하다

128 ● ● ●
ein positiver/negativer Aspekt
Ein negativer Aspekt wäre wiederum, dass viele Schüler sehr unzufrieden wären.
wiederum

128
긍정적인/부정적인 관점
반면에 한 가지 부정적인 관점은, 많은 학생이 매우 불만족스러워할 것이란 점이다.
다른 한편으로, 반면에

129 ● ● ●
positiv
Diese Regelung hat positive Auswirkungen auf die Umwelt.

129
긍정적인
이러한 규정은 환경에 긍정적인 영향을 미친다.

Meinung 의견

130

negativ
Eine neutrale Reaktion wird häufig negativ aufgenommen.
die Reaktion • aufnehmen

130

부정적인
중립적인 반응은 자주 부정적으로 수용된다.
반응 • 수용하다

131

sich auswirken (auf Akk.)
Starker Alkoholkonsum wirkt sich negativ auf die Gesundheit aus.
der Konsum

131

(~에) 작용하다
과도한 알코올 섭취는 건강에 부정적으로 작용한다.
섭취, 소비

132

absolut
Ich bin absolut dagegen.

132

절대로
나는 절대적으로 반대야.

133

die Absicht (-en)
Es war nicht meine Absicht, dich zu beleidigen.
beleidigen

133

의도
네 감정을 상하게 하려는 의도가 아니었어.
감정을 상하게 하다, 모욕하다

134

aktuell
Es ist wichtig, sich mit aktuellen Geschehnissen zu beschäftigen.
das Geschehnis • sich beschäftigen mit Dat.

134

현재의, 최신의
현재의 사건에 몰두하는 것이 중요해.
사건 • ~에 몰두하다

135

allgemein
Derzeit herrscht eine allgemeine Verunsicherung.
die Verunsicherung

135

일반적인, 보편적인
오늘날 보편적 불안감이 만연하다.
불안하게 함

136

analysieren
Meine Aufgabe war es, die Texte zu analysieren.

136

분석하다
내 과제는 이 원전을 분석하는 것이었다.

137

eindeutig
Das Ergebnis war klar und eindeutig.

137

명백한, 일의적인
그 결과는 아주 분명하고 명백했다.

138

mehrdeutig
Viele Aussagen haben mehr als eine Bedeutung, sprich, sie sind mehrdeutig.

138

다의적인
많은 발언은 한 가지 이상을 의미하며, 말하자면 이들은 다의적이다.

139

zweifeln (an Dat.)
Manche Bürger zweifeln an der Fähigkeit der Politiker.

139

(~을) 의심하다
몇몇 시민은 그 정치인들의 능력을 의심한다.

Diskussion	토론

140 ● ● ●

ansprechen
Ich möchte noch folgenden Punkt ansprechen, bevor wir weitermachen.

140

언급하다
나는 우리가 계속하기 전에 다음 지점을 더 언급하고 싶어.

141 ● ● ●

auffallen
Mir ist aufgefallen, dass es in diesem Semester viele neue Kurse gibt.

141

눈에 띄다
이번 학기에 많은 새로운 수업들이 있는 것이 내 눈에 띄네.

142 ● ● ●

auffordern
Alle Studenten sind aufgefordert, aktiv am Unterricht teilzunehmen.
teilnehmen an Dat.

142

요구하다
모든 학생은 수업에 적극적으로 참여하도록 권장된다.
~에 참여하다

143 ● ● ●

die **Aufforderung** (-en)
Erst nach mehrmaliger Aufforderung begann die Schülerin mit ihrem Vortrag.

143

요구
수 차례 요구 이후에야 그 학생은 발표를 시작했다.

144 ● ● ●

aufmerksam
Wir hören der Lehrerin aufmerksam zu, damit wir auch alles verstehen.
Dat. zuhören

144

주의 깊은
우리는 또한 모든 것을 이해하기 위해 주의 깊게 그 선생님의 말을 경청한다.
~의 말을 경청하다

145
ausschließlich
In diesem Buch gibt es ausschließlich wichtige Vokabeln.

145
오로지, 배타적으로
이 책에는 오로지 중요한 어휘들만 있다.

146
die **Bedingung** (-en)
Unter idealen Bedingungen kann man Deutsch in nur 6 Monaten lernen.
ideal

146
조건
이상적인 조건 하에 독일어는 여섯 달 만에 공부할 수 있다.
이상적인

147
bekannt geben
Der Sportler gab das Ende seiner Karriere bekannt.
die Karriere

147
널리 알리다
그 운동선수는 자신의 은퇴를 알렸다.
경력

148
sich beschweren
Manche Menschen beschweren sich nur, aber präsentieren keine Lösung.

148
불평하다
몇몇 사람은 불평만 하고 해결책은 제시하지 않는다.

149
darstellen
Diese Entwicklung lässt sich gut mit einer Grafik darstellen.

149
제시하다
이런 발전은 도표에서 잘 나타납니다.

150

das Detail (-s)

Ich denke, Sie haben ein Detail vergessen.

150

세부, 디테일

제 생각에 당신은 하나의 세부 사항을 잊으셨습니다.

151

der Durchschnitt (-e)

Im Durchschnitt ist der Arbeitsweg der Deutschen 17 Kilometer lang.

151

평균

평균적으로 독일인의 통근 거리는 17킬로미터이다.

152

durchschnittlich

Die Deutschen essen durchschnittlich 239 Eier im Jahr.

152

평균적으로

독일인은 평균적으로 한 해 달걀을 239개 먹는다.

153

die Einzelheit (-en)

Die Einzelheiten des Vertrags müssen noch verhandelt werden.

verhandeln

153

각론, 세목

계약의 각론은 아직 협의되어야 한다.

협의하다

154

das Gegenteil (meist. Sg.)

Der Moderator wollte die Menge beruhigen, aber er hat genau das Gegenteil bewirkt.

beruhigen • bewirken

154

반대, 역

그 진행자는 대중을 진정시키려 하였지만 딱 반대 상황을 야기했다.

진정시키다 • 야기하다

155 ● ● ●
der **Kompromiss** (-e)
Wir müssen einen Kompromiss finden, sonst lösen wir das Problem nie.

155
절충, 절충안
우리는 절충안을 찾아야지 안 그러면 이 문제를 절대 풀지 못해.

---

156 ● ● ●
der **Standpunkt** (-e)
Ich vertrete weiterhin meinen Standpunkt.
vertreten

156
입장
나는 내 입장을 계속해서 지지해.
지지하다

---

157 ● ● ●
widersprechen
Da muss ich Ihnen widersprechen.

157
반대하다
그건 제가 당신에 반대해야겠습니다.

---

158 ● ● ●
falsch liegen
Da liegen Sie leider falsch.

158
틀리다
그건 안타깝게도 당신이 틀린 겁니다.

---

159 ● ● ●
einverstanden sein (mit Dat.)
Nicht alle Eltern sind mit dem Vorschlag, nur noch vegetarische Gerichte zu servieren, einverstanden.
der Vorschlag • servieren

159
(~에) 동의하다
모든 부모가 오직 채식 요리만 제공해야 한다는 제안에 동의하지는 않는다.
제안 • 식탁에 올리다

160

übereinstimmen (mit Dat.)
Ich stimme mit dir darin überein, dass es in jedem Studienfach ein Auslandssemester geben sollte.
das Studienfach • das Auslandssemester

160

(~에) 동감하다
나는 모든 학과에 교환 학기가 있어야 한다는 점에 있어 네게 동감해.
전공, 학과 • 교환 학기

161

diskutieren (über Akk.)
Ich diskutiere gerne über das Thema Religion.
das Thema

161

(~에 관해) 토론하다
나는 종교라는 주제로 토론하길 좋아해.
주제

162

die Diskussion (-en)
Die Diskussion wollte kein Ende nehmen.
kein Ende nehmen

162

토론
이 토론은 끝나려 하질 않았다.
끝나지 않다

163

leiten
Kannst du die Diskussion leiten?

163

이끌다
네가 이 토론 진행해 줄 수 있어?

164

die Leitung (nur Sg.)
Können Sie die Leitung dieser Diskussionsrunde übernehmen?
die Diskussionsrunde

164

지도
당신이 이 토론회 진행을 맡아 주실 수 있습니까?
토론회

165

der **Vorteil** (-e)

Ein Vorteil von Lerngruppen ist, dass man Menschen mit ähnlichen Interessen kennenlernt.

165

장점

스터디그룹의 장점은 비슷한 관심사를 지닌 사람을 만나게 된다는 점이다.

166

der **Nachteil** (-e)

Haustiere haben nicht nur Vorteile, sie haben auch viele Nachteile.

das Haustier

166

단점

반려 동물은 장점만 있지 않고 여러 단점도 있다.

반려 동물

167

die **Vor- und Nachteile**

Heute möchte ich über die Vor- und Nachteile der Gruppenarbeit sprechen.

167

장단점

오늘 저는 조별 활동의 장단점에 관해 말하고 싶습니다.

168

sprechen gegen Akk.

Es spricht nichts gegen einen Ausflug am Wochenende.

168

~을 반대할 이유가 되다

주말에 소풍을 못 갈 이유가 없다.

169

sprechen für Akk.

Für den Vorschlag, Kindern das Wahlrecht zu geben, spricht, dass Kinder auch zum Volk gehören.

das Wahlrecht • das Volk

169

~을 찬성할 이유가 되다

어린이도 국민에 속한다는 점이 어린이에게 투표권을 주자는 제안을 찬성할 이유가 된다.

투표권 • 국민

170 ● ● ●
das Argument (-e)
Das Argument, dass man auch in der Freizeit streiken kann, ist doch total lächerlich.
streiken

170
논증
휴식 시간에도 파업할 수 있다는 논증은 완전 우습다.
파업하다

171 ● ● ●
Argumente nennen
Zunächst möchte ich einige Argumente für die Frauenquote nennen.
die Frauenquote

171
논거를 들다
우선 저는 여성 할당제의 논거를 몇 개 들고 싶습니다.
여성 할당제

172 ● ● ●
das Gegenargument (-e)
Danach werde ich die Gegenargumente besprechen.

172
반론
그다음에 저는 반론을 논의하겠습니다.

173 ● ● ●
argumentieren
Wenn du jemanden von deiner Meinung überzeugen willst, dann musst du gut argumentieren.

173
논증하다
네가 네 의견에 대해 누군가를 납득시키고 싶다면 너는 잘 논증해야 해.

174 ● ● ●
überzeugen
Deine Argumente überzeugen mich nicht wirklich.

174
납득시키다
네 논증은 나를 별로 납득시키지 않아.

175
überzeugt sein
Ich bin davon überzeugt, dass wir das schaffen können!

175
확신하다
나는 우리가 그것을 할 수 있다고 확신해!

176
überreden
Du hast mich zu diesem Unsinn überredet!

176
설득하다
너는 이 말도 안 되는 소리로 나를 설득했어!

177
Es kommt darauf an, ~
Es kommt darauf an, wie man reagiert, wenn man mit einer anderen Meinung konfrontiert wird.
reagieren • konfrontieren

177
~에 달려 있다, ~이 중요하다
다른 의견과 대립될 때는, 어떻게 반응하느냐가 중요하다
반응하다 • 대조하다, 대결시키다

178
abhängen (von Dat.)
Das hängt ganz davon ab, was du in deinem Urlaub machen willst.

178
~에 달려 있다
그건 온전히 네가 휴가 때 뭘 하고 싶은지에 달려 있어.

179
zusammenhängen
Die gute deutsche Wirtschaft hängt mit der generell guten Wirtschaftslage in Europa zusammen.
die Wirtschaft • generell • die Lage

179
연관 있다
좋은 독일 경제는 유럽의 전반적인 호경기 상태와 연관 있다.
경제 • 전반적인 • 상태

180

der Zusammenhang (̈e)
Die komplexen Zusammenhänge werden nur von sehr wenigen verstanden.
komplex

180

연관
이 복잡한 연관성은 아주 적은 사람한테만 이해된다.
복잡한

181

sich einigen (auf Akk.)
Wir haben uns auf eine gemeinsame Lösung geeinigt.

181

(~에) 합의하다
우리는 공통 해결책에 합의하였다.

182

sich einig sein
Alle Schüler waren sich einig, dass die Mathelehrerin öfter duschen sollte.

182

(의견이) 일치되다
모든 학생은 그 수학 선생님이 더 자주 샤워해야 한다는 점에 의견이 일치되었다.

183

ins Wort fallen
Hör auf, mir ins Wort zu fallen.

183

말을 끊다
내 말 좀 그만 끊어.

184

unterbrechen
Leute, die andere beim Sprechen unterbrechen, machen sich schnell unbeliebt.
sich beliebt/unbeliebt machen

184

중지하다
다른 사람이 말할 때 끊는 사람은 금방 반감을 산다.

호감을/반감을 사다

185
führen zu
Eine Maskenpflicht in der U-Bahn führte dazu, dass sich weniger Leute mit dem Virus angesteckt haben.

die Pflicht • sich anstecken

185
~한 결과로 이어지다
지하철 내 마스크 착용 의무는 더 적은 사람이 바이러스에 감염된 결과로 이어졌다.

의무 • 전염되다

186
beeinflussen
Meine Mutter kann man extrem leicht beeinflussen.

186
영향을 주다
내 어머니에게는 극단적으로 쉽사리 영향을 줄 수 있다.

187
der Einfluss (¨e)
Der Freund meiner Kollegin hat einen ganz schlechten Einfluss auf ihr Essverhalten.

187
영향
내 동료의 남자 친구는 그녀의 식이 습관에 아주 나쁜 영향을 준다.

188
ablehnen
Mein Auslandssemesterantrag wurde abgelehnt.

188
기각하다, 거절하다
내 교환 학기 신청이 거절되었다.

189
vorschlagen
Darf ich auch mal etwas vorschlagen?

189
제안하다
저도 뭔가 좀 제안해도 될까요?

190

der **Vorschlag** (¨e)
Es tut mir leid, aber diesen Vorschlag muss ich ablehnen.

190

제안
유감스럽지만 전 이 제안을 거절해야 합니다.

191

behaupten
Er hat behauptet, dass es in Deutschland keine Koreaner gibt.

191

주장하다
걔는 독일에 한국인이 없다고 주장했다.

192

die **Behauptung** (-en)
Die Behauptung stellte sich als falsch heraus.
sich herausstellen

192

주장
이 주장은 거짓으로 판명되었다.
판명되다

193

hinweisen
Ich möchte Sie darauf hinweisen, dass das Problem noch nicht gelöst ist.

193

알려주다
저는 당신께 이 문제가 아직 해결되지 않았음을 알려드리고 싶습니다.

194

der **Hinweis** (-e)
Mit dem letzten Hinweis konnten sie das Rätsel lösen.

194

도움말
걔네는 마지막 도움말로 수수께끼를 풀 수 있었어.

Konnektoren	연결어

195 ● ● ●
außerdem
Wir sind noch zu jung zum Heiraten. Außerdem kennen wir uns erst seit 3 Monaten.

195
그뿐만 아니라, 게다가
우리는 아직 결혼하기에는 너무 어려. 게다가 우리가 알고 지낸 지 이제야 세 달인걸.

196 ● ● ●
des Weiteren
Des Weiteren benötigt man für große Mengen Atomenergie nur sehr wenig Brennstoff.
die Atomenergie • benötigen • der Brennstoff

196
덧붙여서
덧붙여서 대량 핵 에너지를 위해서는 아주 적은 연료만 필요하다.
핵에너지 • 필요하다 • 연료

197 ● ● ●
zudem
Mir tut immer der Hintern weh, wenn ich 10 Minuten Rad fahre. Zudem bin ich nicht so der sportliche Typ.
der Hintern (ugs.) • der Typ

197
게다가
나는 자전거를 10분 타면 항상 엉덩이가 아파. 게다가 나는 그렇게 운동을 좋아하는 유형이 아니라고.
엉덩이 • 유형

198 ● ● ●
Hinzu kommt, dass...
Hinzu kommt, dass es Altersfreigaben gibt, die verhindern, dass zu junge Kinder sehr brutale Spiele spielen.
brutal • die Altersfreigabe • verhindern

198
덧붙이자면,
덧붙이자면, 너무 어린아이가 아주 폭력적인 게임을 하지 못하도록 막는 연령 등급제가 있습니다.
폭력적인 • 연령 등급제 • 막다

199 ● ● ●
allerdings
Ich mag Avocados, allerdings ist es schwer, eine reife zu finden.

199
그러나, 물론
난 아보카도를 좋아하지만 익은 걸 찾기는 어렵다.

200
hingegen
Koreaner trinken sehr gerne Americano. Deutsche hingegen trinken viel lieber Filterkaffee.
der Filterkaffee

200
반면에
한국인은 아메리카노를 아주 즐겨 마셔. 독일인은 반면에 드립 커피 마시기를 훨씬 선호해.
드립 커피

201
im Gegensatz zu
Im Gegensatz zum deutschen Essen ist das koreanische Essen eher scharf.
eher

201
~와 반대로
독일 음식과 반대로 한국 음식은 오히려 매워.
오히려

202
im Vergleich zu
Im Vergleich zu Deutsch wirken viele Sprachen einfacher.
wirken

202
~에 비해
독일어에 비해 많은 언어가 더 쉬운 느낌이야.
~한 느낌을 주다

203
verglichen mit
Verglichen mit letztem Jahr hat sich die Qualität verbessert.
die Qualität

203
~와 비교해
작년과 비교해 품질이 개선되었어.
질

204
einerseits
Einerseits gab es eine Verbesserung.
die Verbesserung

204
한편으로
한편으로 개선은 있었어.
개선

205

andererseits

Aber andererseits war diese Verbesserung nicht für alle Mitarbeiter gleich.

205

다른 한편으로

하지만 다른 한편으로 이 개선이 동일하게 모든 동료 노동자를 위한 건 아니었지.

연습문제

Meinung / Diskussion 의견 / 토론

1 **Hör dir die Dialoge an und entscheide, ob du eher eine Meinung oder eher einen Vorschlag hörst.**

Ü-2-1

ⓐ Meinung / Vorschlag
ⓑ Meinung / Vorschlag
ⓒ Meinung / Vorschlag
ⓓ Meinung / Vorschlag
ⓔ Meinung / Vorschlag

der Lehrermangel 교사 부족 • das Genick 목, 목덜미 • der Strohhalm 빨대

2 **Ergänze die Sätze mit dem richtigen Wort.**

Argument   Aspekt   auswirken   Einfluss   einigen
führen   Nachteil   überzeugen   unterbrechen

ⓐ A : Was denkst du? Welchen _____ haben brutale Computerspiele auf das Verhalten von Kindern?
B : Auf jeden Fall keinen guten.

ⓑ Wie man sich ernährt, hängt auch mit kulturellen und religiösen _____ zusammen.

ⓒ Die EU-Regierungschefs haben sich nach langen Gesprächen _____ : Die neue Präsidentin der EU-Kommission ist Greta Rasch.

ⓓ A : Wie oft wollen Sie mich noch _____ ? Jetzt lassen Sie mich endlich mal zu Ende reden.
B : Sie reden doch schon seit einer Ewigkeit.
A : Ja, weil Sie mir ständig ins Wort fallen! Dann muss ich mich wiederholen und deshalb dauert es so lange.

ⓔ Sie müssen verstehen, die fossilen Brennstoffe _____ auf lange Sicht zu einer schlechteren Wirtschaft. Je mehr fossile Brennstoffe verbrannt werden, desto schlechter geht es der Umwelt und desto schwieriger wird das Leben für die Menschen.

ⓕ A : Wünscht sich nicht jeder flexible Arbeitszeiten? Ich glaube, es gibt keine _____ .
　　B : Doch, die gibt es. Wenn man arbeiten kann, wann man will, dann ist es schwer, Arbeit und Freizeit klar zu trennen. Viele arbeiten dann mehr, als sie normalerweise würden.

ⓖ A : Du hast kein gutes _____ für deine Meinung!
　　B : Habe ich jawohl!
　　A : Aha, und zwar?
　　B : Ja, jetzt hör mal ganz genau zu.
　　A : Ja, ich bin ganz Ohr.

ⓗ Die Art des Präsidenten, Politik zu machen, hat sich negativ auf das globale politische Klima _____ .

ⓘ Manche Menschen kann man auch mit den besten Argumenten nicht _____ . Sie wollen ihre Meinung nicht ändern und deshalb sollte man mit solchen Leuten auch nicht diskutieren.

연습문제

Meinung / Diskussion 의견 / 토론

3 Verbinde die Satzteile, die zusammenpassen, zu einem Satz.

ⓐ hängt nicht selten davon ab, wie gut man den Hausarzt kennt.
ⓑ was du in der Gegenwart tust.
ⓒ das kommt auf das Wetter an.
ⓓ dass du einen guten äußeren Eindruck machst.
ⓔ wie viel Glück man hat.
ⓕ hängt davon ab, was ich gefragt werde.
ⓖ die Gegner zu lesen, zu bluffen und auch zu wissen, wann man aussteigen sollte.
ⓗ ob du im Leben etwas erreichst oder nicht.
ⓘ hängt oft von der Laune des Chefs ab.

Ⓐ Ob man eine Beförderung bekommt, _ⓘ_
Ⓑ Ob wir am Wochenende ein Picknick machen, ___
Ⓒ Welche Note ich in der mündlichen Prüfung bekomme, ___
Ⓓ Deine Zukunft hängt davon ab, ___
Ⓔ Es hängt von deinem Willen ab, ___
Ⓕ Beim Pokern kommt es darauf an, ___
Ⓖ Neben einer guten Vorbereitung kommt es in einem Vorstellungsgespräch darauf an, ___
Ⓗ Ob man krankgeschrieben wird oder nicht, ___
Ⓘ So viel im Leben hängt davon ab, ___

die Beförderung 승진, 진급 • der Wille 의지 • krankschreiben 병가를 내다 • einen guten äußeren Eindruck machen 좋은 인상을 남기다 • der Gegner 상대, 적수 • aussteigen (beim Pokern) (포커게임에서) 포기하다, 손을 떼다

Memo

Medien und Technik
미디어와 기술

Medien	미디어
206 ●●● die **Nachricht** (-en) Meine Schwester hat mir eine Nachricht bei Whatsapp geschickt.	**206** 소식, 메시지 내 여자 형제가 내게 왓츠앱으로 메시지를 보냈다.
207 ●●● die **Nachrichten** (nur Pl.) In den Nachrichten kam gestern, dass bei einem Taifun in Vietnam mehrere Menschen ums Leben gekommen sind. ums Leben kommen • der Taifun	**207** 뉴스 어제 뉴스에 베트남에 태풍이 불어 여러 사람이 목숨을 잃었다고 나왔다. 목숨을 잃다 • 태풍
208 ●●● die **Nachrichten lesen/ schauen** Ich lese morgens beim Frühstücken die Nachrichten.	**208** 뉴스를 읽다/보다 나는 아침마다 아침 식사를 하면서 뉴스를 읽는다.
209 ●●● das **Medium** (Medien) Das Medium Radio wird von vielen Leuten heutzutage nur noch beim Autofahren genutzt. nutzen	**209** 매체, 미디어 라디오라는 매체는 오늘날 많은 사람에게 그저 자동차 운전 중에만 이용된다. 이용하다

210 ● ● ●
das **Massenmedium** (-ien) (meist Pl.)
Presse, Rundfunk und Fernsehen gehören zu den Massenmedien, weil sie sehr viele Leute erreichen können.
die Presse • der Rundfunk • erreichen

210
대중 매체
언론, 라디오 방송 그리고 TV는 아주 많은 사람에게 도달할 수 있기에 대중 매체에 속한다.

언론 • 라디오 방송 • 도달하다

211 ● ● ●
durchlesen
Ich habe das Buch an einem Tag durchgelesen.

211
통독하다
나는 그 책을 하루 만에 통독했어.

212 ● ● ●
fertig lesen
Ich habe das Buch gestern endlich fertig gelesen.

212
다 읽다
나는 어제 그 책을 드디어 다 읽었어.

213 ● ● ●
der **Artikel** (-)
Ich habe gestern in einem Zeitungsartikel gesehen, dass mein Lieblingsschriftsteller gestorben ist.

213
기사
내가 어제 한 신문 기사에서 내가 가장 좋아하는 문필가가 사망했다는 걸 봤어.

214 ● ● ●
der **Roman** (-e)
Hast du eigentlich den neusten Roman von Astro Frücht gelesen?

214
소설
너 그런데 Astro Frücht의 신간 소설 읽었어?

Medien 미디어

215 ● ● ●
der **Autor** (-en)
die **Autorin** (-nen)
Und was wollte der Autor mit diesem Satz sagen?

215
작가
그럼 작가는 이 문장으로 무엇을 말하고자 했나요?

216 ● ● ●
der **Schriftsteller** (-)
die **Schriftstellerin** (-nen)
Stephen King ist ein US-amerikanischer Schriftsteller, der vor allem für seine Horror-Romane bekannt ist.

216
문필가
Stephen King은 무엇보다 공포 소설로 유명한 미국 문필가야.

217 ● ● ●
die **Handlung** (-en)
Die Handlung endete mit dem Tod der Hauptfigur.

217
연극, 행위
이 연극은 주인공의 죽음으로 끝났어.

218 ● ● ●
die **Geschichte** (-n)
Diese Geschichte macht mich jedes Mal traurig.

218
이야기, 역사
이 이야기는 매번 나를 슬프게 해.

219 ● ● ●
die **Literatur** (-en)
Literatur kann man vor allem in Bibliotheken und Buchhandlungen finden.

219
문학
문학(작품)은 특히 도서관과 서점에서 찾을 수 있어.

220
Es geht um Akk.
In diesem Film geht es um die Beziehung zwischen zwei Schwestern, von denen eine magische Kräfte hat.
die Beziehung • magisch • die Kraft

220
~에 관한 것이다
이 영화는 두 자매의 관계에 대한 것으로 이들 중 하나는 마법 능력을 가지고 있어.

관계 • 마법의 • 힘

221
handeln (von Dat.)
Das Buch 1984 von George Orwell handelt von einem dystopischen Überwachungsstaat.
dystopisch • der Überwachungsstaat

221
(~을) 다루다
George Orwell의 1984라는 책은 디스토피아적인 감시 국가를 다뤄.

디스토피아인 • 감시 국가

222
die Hauptfigur (-en)
Aus der Perspektive der Hauptfigur erfährt der Leser die Geschichte.
die Perspektive • erfahren

222
주인공
주인공의 관점에서 독자는 이야기를 겪어.

관점 • 겪다

223
das Kapitel (-)
Im dritten Kapitel lernt der reiche Prinz dann eine Bettlerin kennen, in die er sich später verliebt.
die Bettlerin • der Prinz

223
장
그러고 나서 3장에서는 부유한 왕자가 그가 나중에 사랑에 빠지는 한 걸인을 알게 돼.

걸인 • 왕자

224
veröffentlichen
In 12 Jahren hat er insgesamt 24 Romane veröffentlicht.

224
출간하다
12년 동안 그는 소설을 총 24편 출간했어.

225 ● ● ●

die **Seite** (-n)

Romane mit mehr als 1000 Seiten lese ich nicht.

225

쪽

1000쪽이 넘는 소설은 나는 안 읽어.

226 ● ● ●

der **Krimi** (-s)

Liest du eigentlich gerne Krimis?

226

범죄물

너 원래 범죄물 읽는 거 좋아해?

227 ● ● ●

der **Bestseller** (-)

Alle Harry-Potter-Bücher waren Bestseller.

227

베스트셀러

모든 해리 포터 책은 베스트셀러였어.

228 ● ● ●

der **Verlag** (-e)

Hueber ist einer der größten Sprachverlage der Welt.

228

출판사

Hueber는 세계에서 가장 큰 어학 출판사 가운데 하나야.

229 ● ● ●

die **DVD** (-s)

In Zeiten von Streamingdiensten braucht man eigentlich keine DVDs mehr.

229

DVD

스트리밍 서비스의 시대에 사실상 DVD는 더는 필요가 없어.

230
das **Video** (-s)
Ich schaue mir gerne Katzenvideos im Internet an.

230
영상
나는 인터넷에서 고양이 영상을 보는 걸 좋아해.

231
streamen
Manche streamen die neuesten Filme lieber illegal online als ins Kino zu gehen.
illegal

231
스트리밍 하다
몇몇은 최신 영화를 영화관에 가는 것보다 불법으로 온라인 스트리밍 하는 걸 더 좋아해.
불법인

232
der **Stream** (-s)
Die meisten Fernsehsender haben auf ihrer Webseite Livestreams.

232
스트리밍
TV 방송사 대부분은 자신의 웹 사이트에 생방송 스트리밍을 갖고 있다.

233
der **Streamingdienst** (-e)
Viele Leute benutzen heutzutage Streamingdienste, um sich Filme oder Serien anzuschauen.
heutzutage

233
스트리밍 서비스
많은 사람이 오늘날 영화나 드라마를 보려고 스트리밍 서비스를 사용한다.
오늘날

234
die **Serie** (-n)
Diese koreanische Serie war ein absoluter Hit und ist auch außerhalb von Korea bekannt.
der Hit • außerhalb von Dat.

234
연속극, 드라마
이 한국 드라마는 최고 인기작이었고 한국 밖에서도 유명해.
인기작 • ~ 밖에서

235 ● ● ●

die Staffel (-n)

Diese amerikanische Serie hat mehr als 10 Staffeln.

235

(방송의) 기, 시즌

이 미국 드라마는 10기도 넘게 있어.

236 ● ● ●

die Folge (-n)
die Episode (-n)

Die sechste Staffel dieser Serie hat nur 7 Folgen.

236

(방송의) 화, 에피소드

이 드라마 6기는 겨우 7화뿐이야.

237 ● ● ●

die Szene (-n)

Die Szene, in der die Mutter stirbt, bringt mich immer zum Weinen.

zum Weinen bringen

237

장면

어머니가 죽는 이 장면은 나를 항상 울려.

울리다

238 ● ● ●

das Genre (-s)

Science-Fiction ist ein sehr beliebtes Filmgenre.

238

장르

공상 과학은 아주 인기 있는 영화 장르야.

239 ● ● ●

das Fernsehen (nur Sg.)

Heute Abend um 20:15 Uhr kommt im Fernsehen ein richtig guter Film.

239

TV 방송

오늘 저녁 20시 15분에 TV에서 정말 좋은 영화를 해.

240

umschalten
Ich mag den Film nicht, also werde ich umschalten.

240

채널을 돌리다
나 이 영화 안 좋아하니까 채널 돌릴래.

241

die **Werbung** (-en)
Und schon wieder Werbung?

241

광고
그래서 벌써 또 광고야?

242

der **Sender** (-)
der **Fernsehsender** (-)
Es gibt verschiedene Fernsehsender in Deutschland.

242

(TV)방송사
독일에는 여러 가지 TV 방송사가 있어.

243

die **Sendung** (-en)
Am Nachmittag gab es eine langweilige Sendung über den Klimawandel.

der Klimawandel

243

방송
오후에 기후 변화에 관한 지루한 방송이 있었어.

기후 변화

244

der **Zuschauer** (-)
die **Zuschauerin** (-nen)
In manchen Sendungen können Fernsehzuschauer im Studio anrufen und einem Studiogast eine Frage stellen.

das Studio

244

시청자
몇몇 방송에서는 TV 시청자가 스튜디오로 전화해서 스튜디오 출연자에게 질문할 수 있어.

스튜디오

Medien 미디어 65

245 ● ● ●
entspannend
Ich finde Fernsehen eigentlich gar nicht entspannend.

245
편안한, 긴장이 풀린
나는 TV 보는 게 사실 전혀 편안하지 않다고 생각해.

246 ● ● ●
aufnehmen
Hast du schon einmal ein Video aufgenommen?

246
촬영/녹음하다
너 비디오 촬영해 본 적 있어?

247 ● ● ●
abonnieren
Ich habe gestern eine neue Zeitschrift abonniert.

247
구독하다
나 어제 새로운 잡지 하나 구독했어.

248 ● ● ●
das Abonnement (-s)
Das Abonnement kostet nur 40 Euro im Jahr.

248
정기 구독
이 정기 구독은 한 해 40유로 밖에 안 해.

249 ● ● ●
das Abo (-s)*
Das ist ein echt billiges Abo.

249
정기 구독
그거 정말 저렴한 구독이다.

* Abo는 Abonnement의 약어입니다.

250 ●●●

berichten

Wir berichten live aus dem Auge des Wirbelsturms.

der Wirbelsturm

250

보도하다

저희는 폭풍의 눈에서 실시간 보도 중입니다.

회오리 돌풍

---

251 ●●●

der Bericht (-e)

Der Bericht wurde aus den Nachrichten gestrichen, weil er nicht wichtig genug war.

251

보도

이 보도는 충분히 중요하지 않았기 때문에 뉴스에서 삭제되었어.

---

252 ●●●

der Spot (-s)

Der kurze Spot wurde in der letzten Woche 20-mal ausgestrahlt.

252

짧은 (광고) 영상

이 짧은 영상은 지난주에 20번 방영되었어.

방영하다

---

253 ●●●

der Werbespot (-s)

Diesen Werbespot habe ich schon 500-mal gesehen.

253

짧은 광고 영상

이 광고 영상 나 벌써 500번 봤어.

---

254 ●●●

die Presse (nur Sg.)

Die inländische Presse berichtete nicht über das große Schiffsunglück.

das Schiffsunglück

254

언론

국내 언론은 그 대형 선박 사고를 보도하지 않았다.

선박 사고

255

die **Reportage** (-n)

Die Reportage über den Krieg hat ihr fast das Leben gekostet.

255

현장 보도

전쟁에 관한 현장 보도는 거의 걔의 목숨을 값으로 치를 뻔했다.

256

virtuell

Wir haben virtuellen Unterricht im Metaversum.

das Metaversum

256

가상의

우리는 메타버스에서 가상 수업을 해.

메타버스

Soziale Medien	소셜미디어

257

das **Forum** (-ren)

Ich habe mich in einem Forum für Deutschlerner angemeldet.

sich anmelden

257

공개 토론, 포럼

나는 독일어 학습자를 위한 공개 토론에 등록했어.

등록하다

258

der **Beitrag** (⸚e)

In einem Beitrag habe ich gelesen, dass man Wörter am besten immer in einem Satz lernt.

258

기고(문), 기여

나는 한 기고문에서 어휘를 항상 문장으로 공부하는 게 가장 좋다는 것을 읽었다.

259

der **Thread** (-s)

In unserem Supportforum finden Sie einen Thread, wo die gängigsten Kundenprobleme samt Lösungen aufgelistet sind.

auflisten • gängig • samt • die Lösung

259

(글)타래

우리 지원 포럼에서 당신은 가장 일상적인 고객 문제가 해결책과 함께 목록화된 글타래를 찾을 수 있습니다.

목록화하다 • 일상적인 • ~와 함께 • 해결책

260

das soziale Netzwerk

Soziale Netzwerke sind Onlinedienste, über die man Informationen austauschen kann und Beziehungen zu anderen aufbauen kann.

austauschen • aufbauen

260

사회 관계망, SNS

SNS는 정보를 교환하고 다른 사람과 관계를 쌓을 수 있는 온라인 서비스야.

교환하다 • 쌓다

261

folgen

Folgst du auch Dokstagram?

261

구독하다

너도 독스타그램* 구독해?

262

adden (ugs.)

Kannst du mich bei Kakaotalk adden?

262

(친구) 추가하다

너 나 카카오톡에 친구추가 해줄래?

263

hinzufügen

Ich werde dich zu unserem Gruppenchat hinzufügen.

263

(대화방에) 초대하다

내가 너를 우리 단체 채팅방에 초대할게.

264

posten (ugs.)

Ich poste nicht so gerne Fotos auf soziale Netzwerke.

264

(글, 사진 등을) 올리다, 포스팅하다

나는 SNS에 사진 올리는 걸 별로 안 좋아해.

---

* 독스타그램은 독독독의 인스타그램 계정명입니다. https://www.instagram.com/dokstagram/

265 ● ● ●
der **Post** (-s)
Die Posts von Dokdokdok sind immer sehr informativ!

265
게시물, 포스트
독독독의 게시물은 항상 매우 유익해!

---

266 ● ● ●
der **Kommentar** (-e)
Ein Kommentar ohne Smiley wirkt immer unfreundlich.

der Smiley

266
댓글
스마일이 없는 댓글은 항상 퉁명스러워 보여.

스마일 표시

---

267 ● ● ●
kommentieren
Wenn Sie kommentieren wollen, klicken Sie einfach auf „Antworten" und tippen dann Ihren Kommentar.

tippen

267
댓글을 달다
댓글을 달고 싶으면 그냥 "대답하기"를 클릭하고 그다음에 당신의 댓글을 적으세요.

타자 치다

---

268 ● ● ●
der **Link** (-s)
Zur Aktivierung Ihres Kontos klicken Sie bitte auf den unten stehenden Link.

die Aktivierung • unten stehend

268
연결 고리, 링크
당신의 계정을 활성화하려면 아래에 있는 링크를 클릭해 주세요.

활성화 • 아래에 있는

---

269 ● ● ●
liken (ugs.)
Meine Mutter likt alle meine Posts.

269
좋아요를 누르다
내 어머니는 내 모든 게시물에 좋아요를 눌러.

270 ● ● ●
der **Like** (-s) (ugs.)
Woah, mein Bild hat 200 Likes bekommen.
das Bild

270
(페이스북, 유튜브 등에서) 좋아요
우와, 내 사진이 좋아요 200개 받았어.
그림, 사진, 이미지

271 ● ● ●
teilen
Ich teile manchmal interessante Inhalte mit meinen Freunden über soziale Netzwerke.

271
공유하다
나는 가끔 내 친구와의 재미있는 내용을 SNS로 공유해.

272 ● ● ●
hochladen
Warum hast du die Bilder von uns auf Mallorca nicht hochgeladen?

272
올리다, 업로드하다
너 왜 우리 마요르카섬에서의 사진 안 올렸어?

273 ● ● ●
runterladen
Hast du die Dateien schon runtergeladen?

273
내려받다, 다운로드하다
너 그 자료들 벌써 다운받았어?

274 ● ● ●
downloaden (ugs.)
Ich habe mir gestern einen Film gedownloadet.

274
다운로드하다
나 어제 영화 한 편 다운로드했어.

275 ● ● ●

einloggen/ausloggen
Kann ich mich auf deinem Computer kurz einloggen?

275

로그인하다 / 로그아웃하다
나 네 컴퓨터에 잠깐 로그인해도 될까?

276 ● ● ●

anmelden/abmelden
Wenn Sie im Forum Beiträge posten wollen, müssen Sie sich zuerst anmelden.

276

가입하다 / 탈퇴하다
포럼에 글을 올리고 싶으면 당신은 우선 가입해야 합니다.

277 ● ● ●

der **Nutzername** (-n)
Wenn Sie sich einloggen möchten, geben Sie bitte Ihren Nutzernamen und Ihr Passwort ein.

277

사용자명
로그인을 하고 싶으면 사용자명과 비밀번호를 입력하세요.

278 ● ● ●

das **Benutzerkonto** (-n)
Heutzutage braucht man für alles ein Benutzerkonto.

278

사용자 계정
오늘날 모든 일에 사용자 계정이 필요하다.

279 ● ● ●

der **Account** (-s) (ugs.)
Sag mal, hast du eigentlich einen Account?

279

계정
말해 봐, 너 원래 계정 있지?

280 ● ● ●

das **Passwort** (⸚er)

Entschuldigung, was ist das Passwort für das Internet?

280

비밀번호, 암호

실례합니다, 인터넷을 하기 위한 암호가 무엇인가요?

---

281 ● ● ●

der **Trend** (-s)

Die neuesten Trends findet man online.

281

유행, 경향

최신 유행은 온라인에서 찾는다.

---

282 ● ● ●

der **User** (-)
die **Userin** (-nen)

Viele User und Userinnen wollen ihre Daten nicht verkaufen.

die Daten

282

사용자

많은 사용자는 자신의 정보를 팔고 싶지 않아 한다.

자료, 데이터

---

283 ● ● ●

chatten

Ich chatte manchmal stundenlang mit meinen Freunden in Deutschland.

stundenlang

283

채팅하다

나는 종종 몇 시간 동안 독일에 있는 내 친구와 채팅해.

몇 시간 동안

---

284 ● ● ●

der **Chat** (-s)

In anonymen Chats kommt es häufig zu Beleidigungen.

anonym • die Beleidigung

284

채팅

익명 채팅에서는 종종 모욕하는 일이 일어난다.

익명인 • 모욕

285
die **Website** (-s)
Unsere Schule hat auch eine Website.

285
웹사이트
우리 학교도 웹사이트가 있어.

286
die **Webseite** (-n)
Eine Website hat normalerweise mehrere Webseiten.

286
웹페이지
하나의 웹사이트는 보통 여러 개의 웹페이지를 가지고 있다.

287
die **Homepage** (-s)
Die Homepage ist die Startseite einer Website.

287
홈페이지
홈페이지는 웹사이트의 시작 페이지다.

Technik	기술

288
anschließen
Wir müssen zu Hause ein neues Internet anschließen.

288
연결하다
우리는 집에 새로운 인터넷을 연결해야 해.

289
der **Anschluss** (¨e)
Früher hat das Internet über den Telefonanschluss funktioniert.

289
연결
예전에는 인터넷이 전화 회선을 통해서 작동했어.

290 ● ● ●
automatisch
Vor unserer Wohnung gehen die Lichter automatisch an, wenn jemand kommt.

290
자동으로
우리 집 앞에는 누가 오면 불이 자동으로 켜져.

291 ● ● ●
bedienen
Manche Pensionisten können kein Handy bedienen.

291
조작하다, 작동하다
몇몇 연금 생활자는 휴대전화를 조작할 줄 몰라.

292 ● ● ●
digital
Heutzutage ist schon fast alles digital.

292
디지털인
오늘날에는 이미 거의 모든 것이 디지털이야.

293 ● ● ●
die **Festplatte** (-n)
Ich habe nicht mehr genug Speicherplatz auf meiner Festplatte.
der Speicherplatz

293
하드디스크
나는 내 하드디스크에 충분한 저장 공간이 더는 없어.
저장 공간

294 ● ● ●
die **Garantie** (-n)
Nach Ablauf der Garantie muss man selbst für eine Reperatur bezahlen.

294
보증
보증 만료 뒤에는 스스로 수리비용을 지불해야 해.

Technik 기술

295

die **Gebrauchsanweisung** (-en)
Ich habe noch nie eine Gebrauchsanweisung gelesen.

295

사용 설명서
나는 아직 한 번도 사용 설명서를 안 읽었어.

296

die **Bedienungsanleitung** (-en)
Mit dem Produktnamen findet man meist auch die Bedienungsanleitung im Internet.

296

사용 설명서
제품명으로도 대개 사용 설명서를 인터넷에서 찾을 수 있다.

297

der **Bildschirm** (-e)
Auf der Arbeit habe ich zwei Bildschirme.

297

화면, 모니터
직장에서 난 모니터 두 개를 가지고 있어.

298

die **Software** (-s)
Wenn die Software nicht funktioniert, kann der PC auch nichts dafür.

298

소프트웨어
소프트웨어가 작동하지 않으면 PC도 쓸모가 없어.

299

der **PC** (-s)
Ein PC nimmt am Schreibtisch zu viel Platz weg, deswegen habe ich einen Laptop.
wegnehmen

299

PC
PC는 책상에서 자리를 너무 많이 차지해서 난 노트북이 하나 있어.
(자리 등) 차지하다

---

76 Medien und Technik

300 ● ● ●

die SMS (-)

Ich habe schon seit Jahren keine SMS mehr geschickt.

300

문자 메시지

나는 벌써 몇 년째 문자 메시지를 더는 보내지 않았어.

301 ● ● ●

der Akku (-s)

Der Handyakku wird mit der Zeit immer schwächer.

301

전지, 배터리

휴대전화 배터리는 시간이 지날수록 점점 약해져.

302 ● ● ●

die Datei (-en)

Ich habe das Buch online als PDF-Datei gefunden.

302

자료, 파일

나는 이 책을 온라인에서 PDF파일로 찾았어.

303 ● ● ●

der Ordner (-)

Die Datei mit den Kundendaten findest du im Ordner Kunden.

der Kunde

303

폴더, 서류철

고객 정보가 있는 자료는 고객 폴더에서 찾을 수 있어.

고객

304 ● ● ●

ordnen

Ich muss all meine Fotos ordnen.

304

정리하다

나는 내 사진 전부를 정리해야 해.

305

speichern
Unter welchem Namen hast du die Datei gespeichert?

305

저장하다
너 그 자료 무슨 이름으로 저장했어?

306

googeln
Google mal bitte, wie alt Elefanten werden können.

306

구글링 하다, 구글로 검색하다
코끼리가 몇 살까지 살 수 있는지 구글링 좀 해 봐.

307

der **Internetzugang** (¨e)
Über einen Internetzugang kann man weltweit mit oder gegen andere Leute spielen.
weltweit

307

인터넷 접속
인터넷 접속으로 전 세계의 다른 사람과 함께 또는 대항하여 게임할 수 있어.
전 세계의

308

der **Internetanbieter** (-)
In jedem Land gibt es bekannte Internetanbieter.

308

인터넷 제공자
각 나라에는 유명한 인터넷 제공자가 있어.

309

die **Internetverbindung** (-en)
Wenn die Internetverbindung instabil oder schlecht ist, schalten Sie Ihr WLAN einmal aus und wieder an.
instabil

309

인터넷 연결
인터넷 연결이 불안정하거나 나쁘면 무선 인터넷을 한번 껐다 다시 켜 보세요.
불안정한

310 ● ● ●

der Router (-)

In koreanischen U-Bahnen gibt es in jedem Abteil einen oder zwei Router, damit die Fahrgäste auch dort Internet haben.

das Abteil

310

공유기

한국 지하철에는 각 객차에 승객이 그 곳에서 인터넷을 사용할 수 있도록 공유기가 한두 개 있어.

객차

---

311 ● ● ●

klicken

Wenn du hier auf diesen Link klickst, kannst du das Audiobuch runterladen.

311

누르다, 클릭하다

여기 이 링크를 누르면 오디오북을 다운받을 수 있어.

---

312 ● ● ●

anklicken

Und jetzt klickst du hier den Link an und du kannst dir alle Folgen anschauen.

312

클릭하다

그리고 이제 여기 링크를 클릭해서 모든 에피소드(히차)를 볼 수 있어.

---

313 ● ● ●

der Linksklick
der Rechtsklick

Den Dateinamen kannst du ändern, wenn du mit Rechtsklick auf die Datei klickst.

313

좌클릭 / 우클릭

우클릭으로 이 파일을 클릭하면 파일 이름을 바꿀 수 있어.

---

314 ● ● ●

das Internet (nur Sg.)

Ohne das Internet geht heute gar nichts mehr.

314

인터넷

인터넷 없이는 오늘날 더는 아무것도 안 돼.

Technik 기술 79

315

das WLAN (-s)
Haben Sie in Ihrem Café auch WLAN?

315

무선 랜
카페에 무선 랜도 있습니까?

Memo

연습문제 **Medien und Technik** 미디어와 기술

1 Hör dir die Dialoge an und entscheide, welches Wort fehlt. Ü-3-1

Datei   Fernsehen   googeln   Nachricht   Schriftsteller

ⓐ _____
ⓑ _____
ⓒ _____
ⓓ _____
ⓔ _____

2 Lies dir den Forumsbeitrag durch und entscheide, an welche Stelle der Satz passt.

> Er ist kein dummes Kind, ganz im Gegenteil: Er hat uns letztens erklärt, wie man Fernsehsendungen streamen kann.

Liebe Community,

ich hätte gerne euren Rat zu einem persönlichen Problem. Meine Tochter geht in die 8. Klasse auf dem Gymnasium und mein Sohn wird nächstes Jahr eingeschult.

① Ich mache mir Sorgen um meinen Sohn, weil er erst 6 ist, aber den ganzen Tag nur vorm Computer sitzt. Er geht nicht gerne raus, fast alle seine Freunde sind Online-Bekanntschaften, die bestimmt 4 Jahre älter sind als er, und wenn er im Kindergarten ist, dann kann er sich nur sehr schlecht auf normale Spiele konzentrieren. ② Er kann schon lesen; das habe ich ihm beigebracht, als er 4 war. Aber alles, was offline ist, scheint ihn nicht zu interessieren. Statt draußen mit anderen Jungs rumzutoben, kommentiert er lieber die Posts von seinen Freunden.

Unsere Tochter ist da ganz anders. Sie kann mit Computern nichts anfangen. Ja, sie hat natürlich Accounts auf allen sozialen Netzwerken aber sie trifft sich wenigstens mit ihren Mitschülern, also, im echten Leben. Ich habe meine beiden Kinder gleich erzogen, weswegen ich nicht verstehe, warum sie so unterschiedlich sind. ③ Dazu kommt, dass ich nicht weiß, wie mein Sohn in der Grundschule klarkommen soll…

Bitte helft mir! Ich weiß echt nicht weiter.

Eure verzweifelte Sibylle

rumtoben 뛰어 놀다

연습문제 — Medien und Technik 미디어와 기술

3 Ergänze den Text mit den vorgegebenen Ausdrücken.

Folge   es geht um   Handlung   Hauptfigur
Mystery   Serie   Staffel   Zuschauer

Die deutsche Netflix-① _____ "Dark"

Dark ist die erste Netflix-① _____ , die in Deutschland entwickelt, produziert und gefilmt wurde. 2017 ist die erste von drei ② _____ erschienen. Die erste ② _____ hat noch zehn ③ _____ , während die zweite und dritte acht haben. Eine ③ _____ dauert ungefähr 50 Minuten.

In dieser Science-Fiction-④ _____ -Serie ⑤ _____ eine fiktive deutsche Kleinstadt namens Winden und um vier eng miteinander verwandte Familien. Was genau die Beziehung zwischen den einzelnen Mitgliedern der Familien ist und welche Geheimnisse sie haben, wird im Laufe der Serie aufgeklärt. Im Prinzip dreht sich alles um die zwei ⑥ _____ Jonas und Martha.

Die ⑦ _____ beginnt im Jahr 2019 damit, dass Jonas Vater Selbstmord begeht. Als Jonas aus psychologischer Behandlung zurückkehrt -- das dauert mehrere Monate --, sieht er, dass seine Ex-Freundin Martha mit seinem besten Schulfreund zusammen ist. Außerdem ist ein Junge namens Erik Obendorf spurlos verschwunden. Jonas und seine Freunde versuchen Eriks Drogenversteck zu finden und kommen so zu einer Höhle, wo sie furchteinflößende Geräusche hören. Die Freunde laufen weg, wobei einer der Freunde verschwindet. Am nächsten Tag wird die Leiche von einem Kind gefunden, das 1986 verschwunden war. In der Serie wird dann versucht diese Ereignisse zu erklären.

Bei dem Versuch wird der ⑧ _____ mit Zeitparadoxa und Verschwörungen konfrontiert. Wer also Zeitreisen, ④ _____ und düstere Filme mag, sollte auf jeden Fall einmal Dark ausprobieren.

erscheinen 나타나다, 출현하다, 발행되다 • im Laufe ~하는 동안 • alles dreht sich um ~에 달려있다 • spurlos verschwinden 흔적없이 사라지다 • das Drogenversteck 마약은닉 • die Höhle 동굴, 구덩이 • furchteinflößend 무시무시한 • die Leiche 시체, 장례식 • das Paradoxon 모순, 패러독스

Memo

Gesundheit
건강

Gesundheit	건강

316
gesund
Gesunde Ernährung ist wichtig für den Körper.

316
건강에 좋은
건강에 좋은 영양 섭취는 신체에 중요해.

317
ungesund
Wer sich auf Dauer ungesund ernährt, wird häufiger krank.
sich ernähren • auf Dauer

317
건강에 나쁜
장기적으로 건강에 나쁘게 영양 섭취한 사람은 더 자주 아프게 돼.
영양을 섭취하다 • 장기로

318
krank
Oh, du siehst krank aus.

318
아픈
오, 너 아파 보여.

319
gesund
Ich hoffe, du wirst bald wieder gesund.

319
건강한
네가 곧 다시 건강해지길 바라.

320

die Gesundheit (nur Sg.)
Mit Rauchen und Trinken machst du dir die Gesundheit kaputt!

320

건강
흡연과 음주로 너는 네 건강을 해쳐!

321

atmen
Wir müssen atmen, um zu leben.

321

숨 쉬다
우리는 살려면 숨을 쉬어야 해.

322

der Atem (nur Sg.)
Wenn man keinen Atem mehr hat, ist man tot.

322

숨
만약 더 이상 숨이 없다면, 죽은 거야.

323

bewegen
Um abzunehmen, muss man sich mehr bewegen.

323

움직이다
살을 빼기 위해서는 더 움직여야 해.

324

die Bewegung (-en)
Vor allem im Alter ist Bewegung wichtig.

324

움직임
무엇보다 나이가 들수록 움직임이 중요해.

325

die Diät (-en)

Diäten sind ein sehr heikles Thema.

heikel

325

섭생, 식이 요법, 다이어트

다이어트는 아주 까다로운 주제야.

까다로운

326

impfen

Wenn Ihr Sohn nicht gegen die Masern geimpft ist, dann können wir ihn leider nicht in unseren Kindergarten lassen.

die Masern

326

예방 접종하다

당신의 아들이 홍역 예방 접종이 되지 않았다면, 죄송하지만 저희 유치원에 입학할 수 없습니다.

홍역

327

die Impfung (-en)

Eine Impfung soll eine Person vor einer Krankheit schützen.

schützen vor Dat.

327

예방 접종

예방 접종은 사람을 질병에서 보호한다고 한다.

~에서 보호하다

328

schwanger

Die junge Frau wurde ungewollt schwanger.

ungewollt

328

임신한

이 어린 여성은 원치 않게 임신되었어.

원치 않는

329

die Schwangerschaft (-en)

Während der Schwangerschaft essen viele Frauen ungewöhnliche Kombinationen, wie saure Gurken und Schokolade.

ungewöhnlich • saure Gurken

329

임신

임신 중에 많은 여성은 오이지와 초콜릿처럼 특이한 조합을 먹어.

특이한, 보통이 아닌 • 오이지

330

die **Schwangere** (-n)
Bitte halten Sie den Sitzplatz für Schwangere frei.
der Sitzplatz

330

임신부
임신부를 위한 좌석을 비워 두십시오.
좌석

331

ernähren
Nicht alle Eltern ernähren sich selbst gut und wissen deshalb auch nicht, wie man ein Kind ernährt.

331

먹이다, 부양하다
모든 부모가 스스로 잘 먹는 것은 아니며, 따라서 어떻게 아이를 먹이는지도 모른다.

332

die **Ernährung** (-en) (meist Sg.)
Eine ausgewogene Ernährung ist das A und O für einen gesunden Körper und starken Geist.
das A und O • der Geist

332

영양 섭취
균형 잡힌 영양 섭취는 건강한 신체와 강한 정신의 시작과 끝이야.
알파와 오메가, 시작과 끝 • 정신

333

ausgewogen
Sich ausgewogen zu ernähren bedeutet, dass man eine gute Mischung von diversen Nahrungsmitteln zu sich nimmt.
die Mischung • divers • zu sich nehmen

333

균형 잡힌
균형적으로 먹는 것은 다양한 식품의 좋은 조합을 섭취하는 것을 뜻해.
혼합 • 다양한 • 섭취하다

334

das **Gewicht** (-e)
Das Gewicht des neugeborenen Baby-Elefanten beträgt 168 Kilo.

334

무게
갓 태어난 아기 코끼리의 무게는 168킬로그램에 달해.

335 ● ● ●

zunehmen
Sag mal, Sara, hast du zugenommen?

335

살이 찌다
말해 봐, Sara, 너 살쪘어?

336 ● ● ●

abnehmen
Wenn Sie nicht 50 Kilo abnehmen, Herr König, dann haben Sie irgendwann einen Herzinfarkt.
der Herzinfarkt

336

살이 빠지다
50킬로를 감량하지 않으시면, 폐하, 언젠가 심근경색이 올 것입니다.
심근경색

337 ● ● ●

das Immunsystem (-e)
Das Immunsystem eines Menschen entfernt fremde Stoffe aus dem Körper.
fremd • der Stoff • entfernen

337

면역 체계
인간의 면역 체계는 몸에서 낯선 물질을 제거해.
낯선 • 물질, 원료 • 제거하다

338 ● ● ●

das Immunsystem stärken/schwächen
Mit gesunder Ernährung und regelmäßiger Bewegung kann man das Immunsystem stärken.

338

면역 체계를 강화/약화하다
건강한 영양 섭취와 주기적인 운동으로 면역 체계를 강화할 수 있어.

339 ● ● ●

abwehren
Das Immunsystem wehrt Krankheitserreger ab.
der Krankheitserreger

339

막다
면역 체계는 병원체를 막아.
병원체

340

die Zigarette (-n)

Zigaretten schaden nicht nur einem selbst, sondern auch den Menschen in der Umgebung.

340

담배

담배는 자신 하나뿐만 아니라 주변의 사람도 해쳐.

341

das Vitamin (-e)

Nicht jeder Mensch muss extra Vitamine einnehmen.

341

비타민

모든 사람이 추가적인 비타민을 섭취할 필요는 없어.

Im Krankenhaus	병원에서

342

der Hausarzt (⸚e)
die Hausärztin (-nen)

In Deutschland geht man normalerweise zuerst zum Hausarzt, wenn man krank ist.

342

주치의

독일에서는 아플 때 보통 우선은 주치의에게 가.

343

der Facharzt (⸚e)
die Fachärztin (-nen)

Wenn man in Deutschland zu einem Facharzt gehen will, braucht man auf jeden Fall einen Termin.

343

전문의

독일에서 전문의에게 가려할 때는 무조건 일정이 필요해.

344

der Hals-Nasen-Ohren-Arzt/ HNO-Arzt (⸚e)

Ich soll zu einem HNO-Arzt gehen, damit der sich mal meinen Hals anschaut.

344

이비인후과의

내 목 좀 살펴보라고 이비인후과의한테 가야겠어.

345

der Zahnarzt (⸚e)
die Zahnärztin (-nen)

Ich muss am Montag zum Zahnarzt, aber ich habe solche Angst, dass bei mir gebohrt werden muss.

bohren

345

치과의

나 월요일에 치과 의사에게 가야 하는데 (내 치아에) 구멍을 내야만 하는 게 너무 무서워.

(구멍을) 뚫다

346

der Hautarzt (⸚e)
die Hautärztin (-nen)

Ich muss zum Hautarzt, weil ich einen schwarzen Fleck auf dem Arm habe.

der Fleck

346

피부과의

나 팔에 검은 반점이 있어서 피부과 의사한테 가야 해.

반점, 얼룩

347

der Frauenarzt (⸚e)
die Frauenärztin (-nen)

Bevor Sie die Pille nehmen können, müssen Sie von Ihrem Frauenarzt beraten werden.

die Pille • beraten

347

산부인과의

피임약을 복용하기 전에 산부인과 의사로부터 조언을 받아야 합니다.

알약, 피임약 • 조언하다, 상의하다

348

der Kinderarzt (⸚e)
die Kinderärztin (-nen)

Nach der Geburt gibt es Kontrolluntersuchungen beim Kinderarzt.

die Geburt • die Kontrolluntersuchung

348

소아과의

출생 이후로는 소아과 의사의 건강 검진이 있습니다.

출생, 출산 • 건강 검진

349

der Orthopäde (-n)
die Orthopädin (-nen)

Sie hatte sich beim Skifahren am Knie verletzt und musste deshalb von einem Orthopäden behandelt werden.

349

정형외과의

걔는 스키 타다가 무릎을 다쳐서 정형외과 의사에게 치료받아야 했어.

350 ●●●

der **Chirurg** (-en)
die **Chirurgin** (-nen)
Bei einer seiner Operationen vergaß der Chirurg das Skalpell im Bauch des Patienten.
das Skalpell

350

외과의

그 외과 의사는 자신의 한 수술에서 메스를 환자 배 안에 두고 잊었어.
수술칼, 메스

351 ●●●

der **Schönheitschirurg** (-en)
die **Schönheitschirurgin** (-nen)
Ich habe mir von einem Schönheitschirurgen die Nase machen lassen.

351

성형외과의

나는 한 성형외과의로 하여금 코를 성형하도록 했어.

352 ●●●

der **Krankenpfleger** (-)
die **Krankenpflegerin** (-nen)
Der Krankenpfleger nimmt dem Patienten das Blut ab.

352

간호사

간호사가 그 환자에게서 피를 뽑아.

353 ●●●

die **Spritze** (-n)
Ich würde mich ja impfen lassen, aber ich habe Angst vor Spritzen.

353

주사기

나도 물론 예방 접종을 맞을 거지만, 주사기가 무섭네.

354 ●●●

eine Spritze bekommen
Meine Rückenschmerzen waren so schlimm, dass ich im Krankenhaus eine Spritze bekommen musste.

354

주사를 맞다

내 등 통증은 너무 심해서 병원에서 주사를 맞아야 했어.

355 ● ● ●

operieren
Nach seinem Ski-Unfall musste er am Knie operiert werden.
der Unfall

355

수술하다
스키 사고 이후에 걔는 무릎에 수술받아야 했어.

사고

---

356 ● ● ●

die **Operation** (-en)
Die Operation hat 10 Stunden gedauert, aber am Ende waren die siamesischen Zwillinge erfolgreich getrennt.
siamesische Zwillinge

356

수술
수술은 열 시간이 걸렸지만 마지막에 샴쌍둥이는 성공적으로 분리되었어.

샴쌍둥이

---

357 ● ● ●

die **Praxis** (-xen)
Die Praxis meines Hausarztes ist im fünften Stock.

357

의원
내 주치의의 의원은 5층에 있어.

---

358 ● ● ●

behandeln
Ihre Mutter muss stationär behandelt werden.
stationär

358

처치/치료하다
당신의 어머니는 입원 치료를 받아야 합니다.

입원하여

---

359 ● ● ●

die **Behandlung** (-en)
Die chirurgische Behandlung des Lungenkrebses war erfolgreich.

359

처치/치료
폐암의 외과적 치료는 성공적이었어.

360 ● ● ●

das **Rezept** (-e)

Für viele Medikamente braucht man ein Rezept vom Arzt.

360

처방전

다수의 약에는 의사의 처방전이 필요해.

---

361 ● ● ●

verschreiben

Er hat verständnisvoll genickt und mir dann ein Antidepressivum verschrieben.

verständnisvoll • nicken

361

처방하다

걔는 눈치 빠르게 고개를 끄덕였고 내게 항우울제를 처방했어.

총명하게, 눈치 빠르게 • (고개를) 끄덕이다

---

362 ● ● ●

verschreibungspflichtig

Die Pille ist in Deutschland verschreibungspflichtig, also man kann sie ohne Rezept vom Arzt nicht kaufen.

362

처방전이 필요한

피임약은 독일에서 처방전이 필요해. 그러니까 의사의 처방전 없이는 구입할 수 없어.

---

363 ● ● ●

rezeptfrei

Aber Hustensaft bekommt man auch rezeptfrei.

363

처방전이 필요 없는

하지만 기침약은 처방전 없이도 구할 수 있어.

---

364 ● ● ●

die **Krankenkasse** (-en)

Die Krankenkasse übernimmt einen Teil der Arztkosten.

364

의료 보험

의료 보험은 치료비 일부를 책임진다.

365
die **Krankenversicherung** (-en)
Ich habe noch eine zusätzliche Krankenversicherung.

365
의료 보험
나는 또한 추가 의료 보험이 있어.

366
aus dem **Krankenhaus entlassen**
Sie können nun aus dem Krankenhaus entlassen werden.

366
퇴원하게 하다
당신은 이제 퇴원할 수 있습니다.

367
entscheiden
Ab 18 darf man über den eigenen Körper selbst entscheiden.

367
결정하다
18세부터는 자신의 신체에 대해 스스로 결정해도 돼.

368
die **Entscheidung** (-en)
Manchmal müssen Ärzte im Krankenhaus schwierige Entscheidungen treffen.

368
결정
때때로 병원의 의사는 어려운 결정을 내려야 해.

369
die **Zustimmung** (-en)
Mit 16 braucht man manchmal die Zustimmung der Erziehungsberechtigten.
der Erziehungsberechtigte

369
동의
16세에는 때때로 보호자의 동의가 필요해.

양육권자, 보호자

370
zusätzlich
Zusätzliche Leistungen kosten extra und können sehr teuer werden.

370
추가로
추가 조치는 추가 비용이 들며, 매우 비쌀 수 있습니다.

371
der **Vortrag** (¨e)
Der Vortrag über ein neues Wunderheilmittel wurde abgesagt.

371
발표
새로운 기적적인 치료 수단에 관한 발표가 취소되었다.

372
versuchen
Die Ärztin hat alles versucht, um den Patienten zu retten.
der Patient

372
시도하다
의사는 그 환자를 구하려고 모든 것을 시도했어.
환자

373
der **Versuch** (-e)
Doch der Versuch blieb erfolglos.
erfolglos

373
시도
그런데 그 시도는 성과가 없었어.
성과 없는

374
verpflegen
Meine Großeltern leben noch zu Hause, aber sie werden von einem Heim verpflegt.

374
돌보다, 간호하다
내 조부모님은 아직 집에서 살고 계셔. 하지만 전문요양원의 간호를 받고 계시지.

375 ● ● ●

die **Untersuchung** (-en)
Erst nach der Untersuchung kann man eine Diagnose stellen.
eine Diagnose stellen

375
진찰
진찰을 한 뒤에야 진단을 내릴 수 있어.

진단을 내리다

Krankheit	질병

376 ● ● ●

die **Ursache** (-n)
Die Ursache der Krankheit ist bisher unbekannt.

376
원인
그 질병의 원인은 지금까지 알려지지 않았어.

377 ● ● ●

die **Krankheit** (-en)
Das Baby wurde mit einer ganz seltenen Krankheit geboren.

377
질병
그 아기는 아주 희귀한 질병을 가지고 태어났어.

378 ● ● ●

eine Krankheit haben
Ich weiß nicht, welche Krankheit er hat, aber er ist in Isolation im Krankenhaus.
die Isolation

378
질병이 있다
나는 걔가 무슨 질병이 있는지는 모르지만 걔는 병원에 격리되어 있어.
격리

379 ● ● ●

eine leichte Krankheit
Eine Erkältung ist nur eine leichte Krankheit.

379
가벼운 질병
감기는 가벼운 질병일 뿐이야.

380 ●●●
eine schwere Krankheit
Krebs ist eine schwere Krankheit.
der Krebs

380
무거운 질병
암은 무거운 질병이야.
암

381 ●●●
eine ansteckende Krankheit
eine Infektionskrankheit
Malaria ist eine ansteckende Krankheit.

381
전염병

말라리아는 전염병이야.

382 ●●●
eine chronische Krankheit
Diabetes ist eine chronische Krankheit.

382
만성질환
당뇨병은 만성질환이야.

383 ●●●
eine unheilbare Krankheit
Wer eine unheilbare Krankheit hat, wird mit sehr existenziellen Fragen konfrontiert.
existenziell • konfrontieren

383
불치병
불치병이 있는 사람은 아주 실존적인 문제와 맞닥뜨린다.
실존적인 • 맞서다, 대결시키다

384 ●●●
eine psychische Krankheit
Eine Depression ist eine psychische Krankheit.

384
정신질환
우울증은 정신질환이야.

Krankheit 질병

385

an einer Krankheit sterben
Er ist an Krebs gestorben.

385

질병으로 죽다
걔는 암으로 죽었어.

386

an einer Krankheit leiden
Er leidet schon seit seiner Kindheit an Diabetes und muss sich deshalb jeden Tag mehrmals Insulin spritzen.

das Insulin • spritzen • mehrmals

386

질병을 앓다
걔는 이미 어릴 때부터 당뇨병을 앓아 왔고 그래서 매일 여러 번 인슐린을 주사해야 해.

인슐린 • 주사하다 • 여러 번

387

heilen
Ärzte versuchen jeden Patienten zu heilen.

387

낫게 하다, 치료하다
의사는 각 환자가 낫도록 애써.

388

eine Krankheit heilen
Er behauptet, dass er seine Krankheit nur durch Meditation geheilt habe.

die Meditation

388

질병을 치료하다
걔는 자신의 질병이 명상으로만 나았다고 주장한다.

명상

389

eine Krankheit besiegen
Sie hat den Krebs nach jahrelangem Kampf besiegt!

jahrelang • der Kampf

389

질병을 이기다
걔는 몇 년 간의 사투 끝에 암을 이겨냈어!

몇 년 동안 • 싸움

390
sich brechen
Er hat sich beim Fußballspielen das Bein gebrochen.

390
부러지다
걔는 축구 경기에서 다리가 부러졌어.

391
sich verstauchen
Tim hat sich beim Fußballspielen den Fuß verstaucht.

391
삐다
Tim은 축구 경기에서 발을 삐었어.

392
sich verletzen
Als Kind habe ich mich einmal richtig schlimm verletzt, deshalb habe ich diese Narbe.
die Narbe

392
다치다
어렸을 때 나는 한 번 정말 심하게 다쳤어서 이 흉터가 있는 거야.
흉터

393
anschwellen
Mein großer Zeh ist ganz dick angeschwollen und ich passe nicht mehr in meine Schuhe rein.

393
붓다
내 엄지발가락이 완전 띵띵 부었고 이제 더는 이 신발에 안 들어가.

394
sich übergeben
Nach dem zehnten Tequila-Shot musste ich mich übergeben.

394
토하다
열 번째 데낄라 샷을 마신 뒤에 나는 토할 수밖에 없었어.

395
erbrechen (frml.)
Haben Sie auch erbrochen?

395
구토하다
구토도 하셨나요?

396
kotzen (ugs.)
Gestern auf dem Rückflug hat mir mein Sitznachbar auf den Rock gekotzt.

396
토하다
어제 돌아오는 비행에서 옆 사람이 내 치마에 토했어.

397
übel/schlecht
Mir wird auf Schiffen immer übel.

397
속이 안 좋은
난 배 위에서는 항상 속이 안 좋아.

398
das **Medikament** (-e)
Ich war beim Arzt und der hat gesagt, ich soll Medikamente nehmen.

398
약
나 의사한테 갔는데 의사가 말하길 나 약 먹어야 한대.

399
die **Medizin** (nur Sg.)
Er studiert Medizin im fünften Semester.

399
의학
걔는 의학과 다섯 번째 학기 다니는 중이야.

400 ●●●

die **Medizin** (nur Sg.)
Ich musste ganz bitter schmeckende Medizin schlucken.
schlucken

400

약품
나는 완전 쓴 맛이 나는 약을 삼켜야 했어.

삼키다

401 ●●●

die **Pille** (-n)
Mein Arzt hat mir neue Pillen verschrieben.

401

알약
내 의사가 내게 새로운 알약을 처방했어.

402 ●●●

die **Pille** (nur Sg.)
Wenn man von der Pille spricht, meint man die Antibabypille.

402

(피임)약
Die Pille라고 말한다면 그거 피임약을 의미해.

403 ●●●

die **Karies** (nur Sg.)
Wenn man Karies hat, muss der Zahnarzt ein Loch bohren.

403

충치
충치가 있으면 치과 의사는 구멍을 뚫어야 해.

404 ●●●

das **Symptom** (-e)
Die Symptome einer Erkältung sind Kopfschmerzen, Halsschmerzen, Fieber, Husten und Schnupfen.

404

증상
감기의 증상은 두통, 인후통, 열, 기침 그리고 콧물이야.

405
die Allergie (-n)
Ich liebe Katzen, aber ich habe eine Katzen-allergie.

405
알레르기
나는 고양이를 사랑하지만 고양이 알레르기가 있어.

406
allergisch
Ich bin allergisch gegen Pollen.
die Pollen

406
알레르기가 있는
나는 꽃가루 알레르기가 있어.
꽃가루

407
reagieren
Wenn der eigene Körper auf harmlose Stoffe sehr stark reagiert, dann spricht man von einer Allergie.
harmlos

407
반응하다
자기 몸이 무해한 물질에 아주 강하게 반응한다면 그걸 알레르기라고 해.
무해한

408
jucken
Ich habe aus Versehen Erdnüsse gegessen und jetzt juckt es mich am ganzen Körper.
aus Versehen

408
가렵게 하다
나 실수로 땅콩을 먹었고 지금 온몸이 가려워.
실수로

409
kratzen
Wenn es Sie juckt, versuchen Sie sich nicht zu kratzen.

409
긁다
가려울 때 긁지 않도록 하십시오.

410

die Depression (-en)

Nach der Geburt haben viele Frauen Depressionen.

410

우울증

출산 뒤에 많은 여성이 우울증을 겪는다.

411

depressiv

Mein Vater ist total depressiv, seit er seinen Job verloren hat.

411

우울한

내 아버지는 직업을 잃은 이후로 완전 우울해해.

412

das Antidepressivum (-va)

Das Antidepressivum, das ich vom Arzt verschrieben bekommen habe, wirkt nicht.

412

항우울제

내가 의사한테 처방받은 항우울제가 듣지 않아.

413

die Sucht (¨e) (meist Sg.)

Seine Spielsucht war ihm wichtiger als seine Familie.

413

중독, 욕망

걔의 게임 중독은 걔한테 가족보다 중요했어.

414

süchtig

Meine Kollegin ist süchtig nach Online-Shopping.

414

중독된

내 동료는 온라인 쇼핑에 중독됐어.

415
das **Suchtmittel** (-)
Legale Suchtmittel sind zum Beispiel Kaffee und Zucker.

415
중독성 물질
합법적인 중독성 물질은 예를 들면 커피와 설탕이다.

416
verzichten
Mein Arzt hat mir gesagt, ich muss auf Milchprodukte verzichten.

416
포기하다
내 의사가 내게 말하길, 나는 유제품을 피해야 한대.

417
wirken
Herr Doktor, die Tabletten, die Sie mir verschrieben haben, wirken nicht.

417
작용하다
의사 선생님, 당신이 처방해 주신 약이 듣지 않습니다.

418
die **Nebenwirkung** (-en)
Die Nebenwirkungen während meiner Chemotherapie waren das Schlimmste.
die Chemotherapie

418
부작용
내가 화학 요법을 받는 동안 발생한 부작용은 최악이었어.
화학 요법

419
die **Wirkung** (-en)
Die Behandlung zeigte nach 3 Wochen endlich Wirkung.

419
효과
그 치료는 3주가 지나서야 드디어 효과를 보였어.

420 ● ● ●

das Virus (Viren)
Gute Handhygiene kann vor Viren schützen.
die Hygiene

420

바이러스
좋은 손 위생은 바이러스로부터 보호할 수 있다.
위생, 보건, 청결

연습문제

Gesundheit 건강

1 Beantworte die folgenden Fragen.

ⓐ Wer ist im Krankenhaus dafür zuständig, Patienten Blut abzunehmen?
Krankenpfleger / Krankenpflegerin

ⓑ Was muss ich mit zur Apotheke bringen, wenn ich ein verschreibungspflichtiges Medikament kaufen möchte?

ⓒ Wie heißt die Zeit, wenn eine Frau ein Baby im Bauch hat?

ⓓ Wie fühle ich mich, bevor ich mich übergebe?

ⓔ Wo arbeitet ein deutscher Hausarzt?

ⓕ Zu welchem Arzt geht man, wenn man Karies hat?

2 Ergänze den Text mit den folgenden Wörtern.

abwehren   Allergie (-n)   allergisch   Hausarzt (⸚e)   Immunsystem
juckend   Medikament (-e)   reagieren   Schnupfen   Symptom (-e)

In Deutschland haben mehr als ein Viertel aller Bürger eine ① _____ .
Bei einer Allergie ② _____ der Körper auf harmlose fremde Substanzen übertrieben aggressiv. Das ③ _____ denkt, es muss diese fremden Stoffe ④ _____ , damit der Körper keinen Schaden nimmt. Übliche Allergien in Deutschland sind Allergien gegen Pollen, Hausstaub, Tierhaare, gewisse Lebensmittel und synthetisch hergestellte Chemikalien.

Es gibt verschiedene Hypothesen darüber, warum immer mehr Leute an ① _____ erkranken. Viele denken, der Grund dafür liegt in der zu sauberen Umgebung, in der Kinder heutzutage aufwachsen. Manche nehmen auch an, dass die Umweltverschmutzung etwas damit zu tun hat. Aber eine richtige Erklärung hat die Wissenschaft bisher nicht gefunden.

Wenn man vermutet, dass man eine Allergie hat, sollte man zum ⑤ _____ gehen und sich testen lassen. Typische ⑥ _____ einer Pollenallergie zum Beispiel sind ⑦ _____, ⑧ _____ Augen und vielleicht auch Atemnot. Es gibt gute ⑨ _____, die die ⑩ _____ Reaktion des Körpers abschwächen. Es gibt aber auch Pollenflugkalender. In diesen Kalendern steht, wann welche Pollen fliegen. So kann man in dieser Zeit Spaziergänge an der frischen Luft vermeiden.

die Substanz 물질 • übertrieben 과장된, 지나친 • Hausstaub 집먼지 • gewiss 특정한 • synthetisch 합성의 • die Hypothese 가제, 가설 • die Atemnot 호흡곤란

3 Hör dir die Texte ⓐ bis ⓔ an und wähle das richtige Ende für den Hörtext.

Ü-4-3

A sie mich angesteckt hat.
B sein Daumen gebrochen ist.
C 10 Kilo abzunehmen.
D hat er noch so richtig gekotzt.
E sie geimpft werden muss.

ⓐ _____
ⓑ _____
ⓒ _____
ⓓ _____
ⓔ _____

Arbeit
일

Art der Arbeit	일의 종류

421 ● ● ●

die **Vollzeit** (nur Sg.)

Vollzeit bedeutet in Deutschland, dass man mindestens 37 Stunden pro Woche für eine Firma arbeitet.

bedeuten • mindestens

421

전업

독일에서 전업이란, 한 회사를 위해 일주일에 적어도 37시간 일하는 것을 의미한다.

의미하다 • 적어도

---

422 ● ● ●

(in) **Vollzeit arbeiten**

Oft arbeiten Familienväter in Vollzeit, um genug Geld für die Familie zu verdienen.

der Familienvater

422

전업으로 일하다

종종 가장들은 가족을 위한 충분한 돈을 벌기 위해 전업으로 일한다.

가장

---

423 ● ● ●

die **Teilzeit** (nur Sg.)

Teilzeit bedeutet, dass man 20 bis 30 Stunden für eine Firma arbeitet.

bedeuten

423

시간제 근무

시간제 근무란, 한 회사에서 20에서 30시간을 일하는 것을 의미한다.

의미하다

---

424 ● ● ●

(in) **Teilzeit arbeiten**

Ich habe mit meiner Firma vereinbart, dass ich nur in Teilzeit arbeite, damit ich mich auch um unser Neugeborenes kümmern kann.

das Neugeborene • sich kümmern um Akk.

424

시간제로 일하다

나는 우리의 신생아도 돌볼 수 있도록 오직 시간제로 일하는 것을 회사와 협의했어.

신생아, 갓 태어난 아이 • ~을 돌보다

425

jobben
Neben dem Studium habe ich ein bisschen gejobbt.

425

일하다
학업과 더불어 나는 일을 조금 했어.

426

der Minijob (-s)
In Deutschland verdient man mit einem Minijob maximal 450 Euro.

maximal

426

미니잡 (소규모 소득 일자리)
독일에서는 미니잡으로 최대 450유로를 번다.

최대의

427

der Nebenjob (-s)
Viele Studierende müssen einen Nebenjob haben, um sich zu finanzieren.

427

부업
많은 학생은 스스로 자금을 마련하기 위해 부업을 가질 수밖에 없다.

428

angestellt
Ich war drei Jahre lang bei der Firma meines Vaters angestellt.

428

고용된
나는 3년간 나의 아버지의 회사에 고용되었다.

429

einstellen
Wir stellen nur Leute mit 10 Jahren Berufserfahrung ein.

429

채용하다
우리는 오직 10년의 경력을 가진 사람을 채용해.

430 ● ● ●

der/die **Angestellte** (-n)

Angestellte bei dieser Firma bekommen an Weihnachten einen Schlüsselanhänger aus Silber geschenkt.

der Schlüsselanhänger • das Silber

430

직원, 회사원

이 회사의 직원들은 크리스마스에 은으로 된 열쇠고리를 선물 받는다.

열쇠고리 • 은

431 ● ● ●

anstellen

Heute haben wir einen neuen Buchhalter angestellt.

431

고용하다

오늘 우리는 새로운 회계담당자를 고용했어.

432 ● ● ●

das **Unternehmen** (-)

Ein Unternehmen erfolgreich zu leiten, dafür braucht man sehr gute Führungsqualitäten.

leiten • die Führung

432

회사

한 회사를 성공적으로 이끌기 위해서는 아주 좋은 경영기술이 필요하다.

이끌다 • 안내, 경영, 운영

433 ● ● ●

der **Unternehmer** (-)
die **Unternehmerin** (-nen)

Die Unternehmerin sucht nach Investoren für ein neues Projekt.

433

회사원

그 회사원은 새로운 프로젝트를 위한 투자자를 찾고 있다.

434 ● ● ●

die **Industrie** (-n)

Die Industrie muss modernisiert werden, um weniger Schadstoffe zu produzieren.

434

산업

더 적은 유해 물질을 생산하기 위해선 산업은 현대화되어야 한다.

435 ●●●
der **Handel** (nur Sg.)
Der internationale Handel ist derzeit nur mit fossilen Brennstoffen möglich.

435
무역
국제 무역은 현재 화석연료로만 가능하다.

436 ●●●
der **Händler** (-)
die **Händlerin** (-nen)
Händler meinten, dass die Wirtschaft sowie die Gesellschaft wächst.

436
상인
상인들은 경제 및 사회가 성장하고 있다고 생각했다.

437 ●●●
selbständig
Meine Schwester hat sich selbständig gemacht.

437
자영업의
내 여동생은 자영업을 했어.

438 ●●●
der **Freelancer** (-)
die **Freelancerin** (-nen)
Viele Freelancer haben Geldprobleme.

438
프리랜서
많은 프리랜서가 금전적인 문제를 가지고 있다.

439 ●●●
der **freie Mitarbeiter** (-)
die **freie Mitarbeiterin** (-nen)
Herr Mayer ist bei uns als freier Mitarbeiter angestellt.

439
프리랜서
Mayer 씨는 우리(회사)에게 프리랜서로 고용되어 있다.

440

der **Arbeitnehmer** (-)
die **Arbeitnehmerin** (-nen)
Immer mehr Arbeitnehmer lassen sich wegen Rückenproblemen krankschreiben.
sich krankschreiben lassen

440

피고용인

점점 더 많은 피고용인이 허리 문제로 병가를 낸다.

병가를 내다

441

der **Arbeitgeber** (-)
die **Arbeitgeberin** (-nen)
Arbeitgeber werden oft als gemein dargestellt, obwohl sie nur ihre eigenen Interessen vertreten.

441

고용인

고용주들은 자신들의 이익만을 옹호할 뿐인데도 종종 악덕하다고 묘사되곤 한다.

442

berufstätig
Viele berufstätige Mütter sagen, sie haben ein schlechtes Gewissen, weil sie ihre Karriere für ihr Kind nicht aufgeben wollen.
das schlechte Gewissen • aufgeben

442

직업 활동을 하는

직업 활동을 하는 많은 어머니들은 아이를 위해 그들의 경력을 포기하지 않으려 하기에 양심의 가책을 느낀다고 말한다.

양심의 가책 • 포기하다

443

das **Praktikum** (Praktika)
Vor meinem Studienabschluss muss ich ein Praktikum machen.

443

실습

졸업 전에 나는 실습을 해야만 해.

444

der **Praktikant** (-en)
die **Praktikantin** (-nen)
Praktikanten arbeiten oft unbezahlt.
unbezahlt

444

실습생

실습생은 종종 무보수로 일한다.
무보수의

445

die **Überstunde** (-n)

Seit einer Woche muss ich jeden Tag Überstunden machen.

445

초과근무

일주일 전부터 나는 매일 초과근무를 해야만 해.

446

der **Gewinn** (-e)

Das Unternehmen hat nach 3 Jahren endlich Gewinn gemacht.

446

수익

그 회사는 3년 후에 드디어 수익을 냈다.

447

vertreten

Mein Kollege ist oft krank, daher muss ich ihn immer vertreten.

447

대리하다

나의 동료는 자주 아프기 때문에 나는 그를 대리해야만 해.

448

die **Vertretung** (-en)

Meine Vertretung hat mit den Schülern nur einen Film gesehen.

448

대리, 대리인

나의 대리인은 학생들과 영화를 한 편만 봤다.

449

beschäftigen

Die Firma beschäftigt nur 10 Leute.

449

고용하다

그 회사는 10명만 고용한다.

450 ● ● ●
die **Beschäftigung** (-en)
Studierende können während ihrer Ferien einer kurzfristigen Beschäftigung nachgehen.
nachgehen

450
일, 종사
학생들은 방학 동안 단기적인 일을 할 수 있다.

뒤쫓다, 몰두하다

451 ● ● ●
der **Betriebsrat** (¨e)
Der Betriebsrat hat den Kündigungen nicht zugestimmt.
zustimmen

451
근로자 협의회
근로자 협의회는 해고에 동의하지 않았다.

찬성하다

452 ● ● ●
entlassen
Somit konnte niemand entlassen werden.

452
해고하다
그러므로 아무도 해고될 수 없었다.

453 ● ● ●
die **Entlassung** (-en)
Dennoch werden einige Entlassungen notwendig sein, um den Betrieb am Leben zu halten.
am Leben halten

453
해고
그러나 경영을 유지하기 위해서는 일부 해고가 필수적일 것이다.

존속시키다

454 ● ● ●
kündigen
Ich wollte schon seit Längerem kündigen, deshalb war es mir egal, ob der Chef mich mag oder nicht.
seit Längerem

454
사직하다
나는 이미 오래전부터 사직하고 싶었기 때문에, 나의 상사가 나를 좋아하든 말든 신경 쓰지 않았어.
오래전부터

455 ●●●
die **Kündigung** (-en)
Morgen gebe ich dem Chef meine Kündigung, weil ich es in der Firma nicht mehr aushalte.
aushalten

455
사직, 사직서
나는 더 이상 이 회사에서 견딜 수 없기 때문에 내일 상사에게 사직서를 제출할 거야.
견디다

456 ●●●
die **Arbeit** (-en) (meist Sg.)
Die Arbeit bei diesem Unternehmen ist sehr angenehm.
angenehm

456
일, 직업
이 회사에서의 일은 아주 즐겁다.

즐거운, 유쾌한

457 ●●●
auf der Arbeit
Auf der Arbeit gab es vor Kurzem einen ganz tragischen Unfall.
vor Kurzem • tragisch

457
직장에서
직장에서 최근 아주 비극적인 사고가 있었디.

최근에 • 비극적인

458 ●●●
der **Arbeitsplatz** (¨e)
Ich bin Bauarbeiter und mein Arbeitsplatz ist eine Baustelle.
der Bauarbeiter • die Baustelle

458
직장, 근무처
나는 건설 노동자이고 내 근무처는 건설 현장이야.

건설 노동자 • 건설 현장

459 ●●●
die **Stelle** (-n)
Sie würden sich gerne um die Stelle als Koch bewerben?

459
(일)자리
요리사로서 그 자리에 지원하고 싶으신가요?

460

der **Beruf** (-e)
Er liebt seinen Beruf als Journalist, deshalb spricht er immer, als wäre er in den Nachrichten.

460

직업
걔는 기자라는 자기 직업을 사랑하기에 항상 마치 뉴스를 보도하듯이 얘기해.

461

arbeitslos
Seit vier Monaten ist der junge Akademiker arbeitslos.
der Akademiker

461

실직 중인, 무직의
그 젊은 대학 졸업생은 4개월째 무직이다.

대학 졸업생

462

die **Arbeitslosigkeit**
Die Arbeitslosigkeit ist ein großes Problem, das nicht nur Menschen ohne Ausbildung betrifft.

462

실업
실업은 직업교육을 받지 않은 사람에게만 해당하는 것이 아닌 큰 문제이다.

463

befördern
Herr Weber wurde zum Abteilungsleiter befördert, obwohl er oft krank ist.

463

승진시키다
Weber 씨는 자주 아픔에도 불구하고 부장으로 승진했다.

464

der/die **Vorgesetzte** (-n)
Mein Vorgesetzter hat mir versprochen, dass er mich beim Chef für eine Beförderung vorschlagen wird.
versprechen · vorschlagen

464

윗사람, 상사
나의 상사는 사장에게 승진을 위해 나를 추천하겠다고 약속했어.

약속하다 · 추천하다, 제안하다

465

auf Geschäftsreise sein
Mein Mann ist momentan auf Geschäftsreise in Asien unterwegs.

465

출장 가다
내 남편은 지금 아시아 출장 중이야.

466

das **Meeting** (-s)
die **Besprechung** (-en)
In unserem letzten Meeting hat der Chef gesagt, die Firma muss jetzt sparen.

sparen

466

회의
우리의 지난 회의에서 사장은 회사가 이제는 긴축해야 한다고 말했다.

절약하다, 저축하다

467

die **Rente** (-n)
Mein Opa ging erst mit 75 in Rente.

in Rente gehen

467

연금
나의 할아버지는 75세가 돼서야 은퇴하셨어.

은퇴하다

468

der **Rentner** (-)
die **Rentnerin** (-nen)
Ich saß in dem Reisebus und musste feststellen, dass um mich herum nur Rentner waren.

feststellen • um ~ herum

468

연금 생활자
나는 여행 버스에 앉아 있었고 내 주변엔 온통 연금 생활자뿐이라는 것을 깨달을 수밖에 없었어.

깨닫다, 인지하다 • ~ 주위에

469

Pause machen
Ich glaube, ich muss mal Pause machen.

469

휴식하다, 쉬다
내 생각엔, 나 좀 쉬어야겠어.

470 ● ● ●

das **Projekt** (-e)

Das Projekt muss bis Ende des Monats fertig werden. Sonst bekommen wir ein Problem mit dem Kunden.

sonst

470

프로젝트

그 프로젝트는 이번 달 말까지 끝나야만 한다. 그렇지 않으면 우리는 고객과 문제가 생길 것이다.

그렇지 않으면

---

471 ● ● ●

die **Aufgabe** (-n)

Mein Vorgesetzter hat mir eine neue Aufgabe gegeben.

471

일, 일거리

나의 상사가 나에게 새로운 일거리를 주었다.

---

472 ● ● ●

zuständig (+ für)

Ich bin zuständig für den Einkauf von Rohmaterialien.

das Rohmaterial

472

책임지고 있는, 담당하고 있는

나는 원자재 구매를 담당하고 있어.

원자재

---

473 ● ● ●

die **Verantwortung** (-en)

Ich muss Verantwortung für die Arbeit der Praktikantin übernehmen.

473

책임

그 실습생의 일에 대한 책임은 내가 져야 해.

---

474 ● ● ●

die **Krankschreibung** (-en)

Wenn man länger krank ist, muss man eine Krankschreibung einreichen.

länger

474

진단서

비교적 오랫동안 아프다면 진단서를 제출해야만 한다.

비교적 오랜 시간 동안

475
krankschreiben
Mein Hausarzt hat mich für eine Woche krankgeschrieben, obwohl ich nur eine Erkältung habe.

475
진단서를 발급하다
나의 주치의는 내가 그저 감기에 걸렸는데도 불구하고 진단서를 일주일로 발급해 주었다.

476
sich krankschreiben lassen
Wenn man sich ohne Grund krankschreiben lässt, macht man sich strafbar.

strafbar

476
병가를 쓰다
아무런 이유 없이 병가를 낸다면 처벌될 수 있다.

처벌할 수 있는, 죄가 되는

477
streiken
Viele U-Bahn-Fahrer streiken seit mehreren Wochen, weil sie nicht genug Urlaub im Jahr haben.

477
파업하다
많은 지하철 운전사들이 충분한 연차 휴가가 없기 때문에 몇 주째 파업하고 있다.

478
die **Konkurrenz** (-en)
Die Konkurrenz schläft nicht.

478
경쟁
경쟁은 끝나지 않는다.

479
die **Konferenz** (-en)
Die Konferenz beginnt in ein paar Minuten, aber meine Präsentation ist noch nicht fertig.

479
협의, 회의, 컨퍼런스
회의가 몇 분 후 시작하지만 나의 발표는 아직 끝나지 않았다.

480

die Visitenkarte (-en)
Ich vergesse immer meine Visitenkarte vorzubereiten, wenn ich auf Events gehe.
das Event

480

명함
나는 행사에 갈 때 항상 내 명함을 준비하는 것을 잊어버려.
이벤트, 행사

Bewerbung	지원

481

die Qualifikation (-en)
Dieser Bewerber hat sehr gute Qualifikationen.
der Bewerber

481

자격
이 지원자는 아주 좋은 자격을 갖추고 있다.
지원자

482

qualifiziert
Sie sind für diese Stelle leider nicht qualifiziert.

482

자격 있는, 적임의
안타깝지만 당신은 이 자리에 맞는 자격을 갖추고 있지 않습니다.

483

sich eignen
Dieser Fragebogen eignet sich hervorragend für Bewerbungsgespräche.
der Fragebogen • hervorragend

483

적합하다
이 설문지는 면접에 매우 적합하다.
설문지 • 탁월한

484

der Eindruck (⸚e)
Der erste Eindruck ist im Vorstellungsgespräch sehr wichtig.

484

인상, 느낌
면접에서의 첫인상은 아주 중요하다

485

die **Bewerbung** (-en)
Eine Bewerbung muss gut strukturiert sein und sollte keine Fehler enthalten.
strukturiert

485

지원
지원서는 잘 짜여 있어야 하며 오류를 포함해서는 안된다.
구조적인

486

sich bewerben
Wenn Sie sich auf eine Stelle bewerben, müssen Sie sich die Anzeige genau durchlesen.
die Anzeige

486

지원하다
일자리에 지원하신다면, 구인광고를 꼼꼼히 읽으셔야 합니다.
광고

487

der **Lebenslauf** (¨e)
Der Lebenslauf zeigt den schulischen und beruflichen Werdegang.
der Werdegang

487

이력서
이력서는 학업과 직업적인 성장 과정을 보여준다.
성장 과정

488

die **Fähigkeit** (-en)
Welche Kenntnisse und Fähigkeiten haben Sie?

488

능력
당신은 어떤 지식과 능력을 가지고 있습니까?

489

das **Gehalt** (¨er)
Bei meinem vorherigen Job habe ich mehr Gehalt bekommen, aber der Stress war zu viel auf Dauer.
vorherig • auf Dauer

489

월급
나의 예전 직업에서 나는 더 많은 월급을 받았지만 스트레스는 오랫동안 너무 많았어.
이전의 • 오랫동안

490

der **Lohn** (¨e)
Die Bauarbeiter verlangen mehr Lohn und mehr Sicherheit auf der Baustelle.

490

보수, 임금
건설 노동자는 더 많은 보수와 건설 현장에서의 더 많은 안전성을 요구한다.

491

brutto
Ich bekomme im Monat 2.300 Euro brutto.

491

세금을 포함한 비용, 세전
나는 세금을 포함하여 월 2,300유로를 받아.

492

netto
Ich bekomme im Monat circa 1.500 Euro netto.

circa

492

세금을 뺀 비용, 세후
나는 세금을 빼고 월 약 1,500유로를 받아.

약, 대략

493

das **Einkommen** (-)
Unser Haushaltseinkommen liegt bei etwa 4.000 Euro im Monat.

der Haushalt

493

수입, 봉급
우리의 가계소득은 한 달에 약 4,000유로야.

생활비

494

der **Verdienst** (-e)
Der monatliche Verdienst ändert sich bei Freiberuflichen jeden Monat.

494

벌이, 임금
프리랜서의 경우 월 임금이 매달 달라진다.

495

der **Mindestlohn** (⁻e)

Der Mindestlohn in Deutschland betrug im Jahr 2020 9,35 Euro brutto pro Stunde.

betragen

495

최저임금

2020년 독일의 최저임금은 시간당 세전 9.35유로에 달했다.

~에 달하다

496

freiwillig

Ich helfe freiwillig in einem Tierheim und kümmere mich um Hunde.

496

자유 의지의, 자발적인

나는 동물보호소에서 자발적으로 도우면서 개를 돌본다.

497

die **Freiwilligenarbeit**

Auch Freiwilligenarbeit kann eine wichtige Erfahrung werden.

497

자원봉사

자원봉사 역시 중요한 경험이 될 수 있다.

498

Freiwilligenarbeit verrichten

Viele Jugendliche verrichten Freiwilligenarbeit in ihrer Freizeit.

verrichten

498

봉사활동을 하다

많은 청소년은 여가시간에 봉사활동을 한다.

행하다

499

die **Fortbildung**

Wenn man besser im Beruf werden möchte, kann man eine Fortbildung machen.

499

직업 연수

직업적으로 더 나아지기를 원한다면 직업연수를 할 수 있다.

500 ● ● ●

der **Vertrag** (¨e)

In meinem Vertrag steht ganz klar, dass das Gehalt bis zum 30. eines Monats überwiesen sein muss.

überweisen

500

계약서

나의 계약서에는 임금이 매 월 30일까지 이체되어 있어야 한다고 명확하게 적혀 있어.

이체하다

501 ● ● ●

unterschreiben

Bitte unterschreiben Sie hier, hier und hier.

501

서명하다

여기, 여기 그리고 여기에 서명해 주세요.

502 ● ● ●

die **Erfahrung** (nur Sg.)

Trotz seiner 10 Jahre Erfahrung als Ingenieur hat er von der Firma eine Absage bekommen.

die Absage

502

경력

엔지니어로서의 10년 경력에도 불구하고 걔는 회사에서 거절을 당했다.

거절, 취소

503 ● ● ●

die **Berufserfahrung** (nur Sg.)

Viele Firmen nehmen nur Bewerber mit mehrjähriger Berufserfahrung.

mehrjährig

503

직업 경력

많은 회사는 다년간의 직업 경력이 있는 지원자만 뽑는다.

다년간의

504 ● ● ●

die **Erfahrung** (-en)

Ein Flugzeug eigenhändig zu fliegen, das war eine ganz besondere Erfahrung.

eigenhändig

504

경험

비행기를 스스로 운전하는 것은 아주 특별한 경험이었다.

스스로의

505
Erfahrungen machen
Durch die Erfahrungen, die ich in meinem Praktikum gemacht habe, ist mir bewusst geworden, dass ich nicht in dem Bereich arbeiten möchte.
das Praktikum • bewusst

505
경험하다
난 실습에서 했던 경험을 통하여 이 분야에서 일하고 싶지 않다는 걸 알게 되었다.

실습 • 알고 있는

506
Erfahrung/Erfahrungen sammeln
In einem Praktikum können Sie schon mal Berufserfahrung sammeln.

506
경력/경험을 쌓다
당신은 실습에서 미리 직업 경력을 쌓을 수 있습니다.

507
der Bereich (-e)
Ich werde mich auf den Bereich der Neurologie konzentrieren.
sich konzentrieren auf Akk. • die Neurologie

507
분야, 영역
나는 신경학 분야에 집중할 거야.

~에 집중하다 • 신경학

508
der Traumberuf (-e)
der Traumjob (-s)
Ich habe keinen Traumberuf, aber ich weiß, dass ich kein Lehrer werden möchte.

508
장래희망
나는 장래희망이 없지만 내가 선생님이 되고 싶지 않다는 것은 알아.

509
die Karriere (-n)
Skandale können der Karriere eines Politikers schaden.
der Skandal

509
경력
스캔들은 정치인의 경력에 해를 끼칠 수 있다.

스캔들, 추문

510 ● ● ●

die **Arbeitszeit** (-en) (meist Pl.)
Meine Arbeitszeiten sind von 9 Uhr bis 18 Uhr.

510

근무시간
나의 근무시간은 9시부터 18시까지야.

511 ● ● ●

flexibel
Ich bin sehr flexibel und habe kein Problem mit einer langen Anreise.

511

유연한, 융통성이 있는
나는 아주 융통성이 있어서 오랜 여행에 아무런 문제가 없어.

512 ● ● ●

flexible Arbeitszeiten
Flexible Arbeitszeiten machen Arbeitnehmer glücklicher und steigern die Produktivität.

512

유연한 근무시간
유연한 근무시간은 피고용인들을 더 행복하게 만들고 생산성을 높인다.

513 ● ● ●

das **Inserat** (-e)
Ich habe das Inserat in der Zeitung gesehen und mich sofort beworben.

513

(신문) 광고
나는 신문에서 광고를 봤고 바로 지원했어.

514 ● ● ●

das **Interview** (-s)
Nach der ersten Runde gab es noch ein zweites Interview auf Englisch.
die Runde

514

면접
1차 (면접) 이후에도 영어로 보는 2차 면접이 있었다.
회합, (경기)라운드

Memo

연습문제   Arbeit   일

1 **Schreibe die Sätze mit den vorgegebenen Ausdrücken um.**

*angestellt sein   die Arbeitszeiten ändern sich   befördert werden
eine Bewerbung verschicken   einen Nebenjob haben
nicht qualifiziert genug sein   ~~Überstunden machen~~*

Beispiel :
Ich musste heute länger auf der Arbeit bleiben.
Ich musste heute Überstunden machen.

ⓐ Ich arbeite neben dem Studium in einem kleinen Café.

ⓑ Ich arbeite bei der gleichen Firma wie mein Bruder.

ⓒ Ich habe mich schon bei so vielen Firmen beworben und nie eine Antwort bekommen.

ⓓ Mein Kollege, der Thomas, hat gestern die Beförderung zum Abteilungsleiter bekommen.

ⓔ Ich arbeite jetzt zu anderen Zeiten.

ⓕ Es tut uns leid, aber Sie haben nicht genug Qualifikationen.

2 Hör dir den Text an und beantworte danach die Fragen.

ⓐ Hatten die Frau und ihr Mann vor der Gründung der Firma beruflich mit Smoothies zu tun?

ⓑ Was hat die Frau nach der Geburt der Tochter gemacht, weil sie es zu Hause nicht ausgehalten hat?

ⓒ Warum konnte der Mann morgens nicht zu seiner Firma fahren?

ⓓ Was waren die Aufgaben der Haushaltshilfe?

ⓔ Wann findet das Vorstellungsgespräch für die neue Haushaltshilfe statt?

연습문제 **Arbeit** 일

3 Ergänze den Arbeitsvertrag mit den folgenden Wörtern.

*Arbeitszeiten   Aufgabenbereich   beantragen
Gehalt   Kündigungsfrist   Urlaub*

Arbeitsvertrag

1. Beginn und Dauer des Arbeitsverhältnisses
Das Arbeitsverhältnis beginnt am 01. Oktober 2022 und ist auf unbestimmte Zeit abgeschlossen.

2. ① _____
Der Arbeitnehmer ist zuständig für die Annahme und Bearbeitung von Kundenbeschwerden.

3. ② _____
Möchte der Arbeitnehmer das Arbeitsverhältnis beenden, muss er die ② _____ beachten. Die ② _____ beträgt 4 Wochen zum Ende eines Kalendermonats. Das Arbeitsverhältnis kann ohne Angabe von Gründen beendet werden.

4. ③ _____
Der Arbeitnehmer arbeitet von montags bis freitags von 10:00 Uhr bis 19:00 Uhr. Der Arbeitnehmer muss um 13:00 Uhr eine einstündige Mittagspause machen.

5. ④ _____
Der Arbeitnehmer hat pro Kalenderjahr 28 Urlaubstage. Urlaub muss mindestens 4 Wochen im Voraus ⑤ _____ werden.

6. ⑥ _____
Der Arbeitnehmer erhält einen Stundenlohn von 17,70 Euro brutto.

Memo

Urlaub und Freizeit
휴가와 여가시간

Urlaub	휴가
515 ● ● ● **verreisen** Wir verreisen diesen Sommer nicht.	515 **여행을 떠나다** 우리는 이번 여름에 여행을 떠나지 않아.
516 ● ● ● **das Reisebüro (-s)** Ich buche meine Reise lieber selbst, als im Reisebüro.	516 **여행사** 나는 여행사를 통하는 것보다 직접 여행을 예약하는 것을 더 좋아해.
517 ● ● ● **auf Reisen gehen** Mein Opa geht gerne auf lange Reisen nach Südamerika.	517 **여행을 가다** 나의 할아버지는 남미로 긴 여행을 가는 것을 좋아하셔.
518 ● ● ● **das Reiseziel (-e)** Wir müssen uns zuerst auf ein Reiseziel einigen.	518 **여행지** 우리는 우선 여행지를 정해야 해.

519

die **Reisekosten** (nur Pl.)

Die Reisekosten dürfen 500 Euro nicht überschreiten.

519

여행비

여행비는 500유로를 넘으면 안 돼.

520

der **Reiseleiter** (-)
die **Reiseleiterin** (-nen)

Der Reiseleiter erklärt die komplizierte Geschichte des Tempels.

520

여행 가이드

그 여행 가이드는 사원의 복잡한 역사를 설명한다.

521

der/die **Reisende** (n)

Die Reisenden sind erschöpft von der langen Anreise.

521

여행객

여행객들은 긴 여정으로 지쳐있다.

522

das **Reisedokument** (-e) (meist Pl.)

Hast du auch alle Reisedokumente eingepackt?

522

여행 서류

너도 모든 여행 서류들 챙겼니?

523

das **Angebot** (-e)

Das Angebot gilt nur für den Flug um 4 Uhr morgens.

523

제안, 특가

이 특가는 오직 오전 4시 비행에만 유효하다.

524

auf/im Urlaub sein
Anne ist ab morgen drei Wochen lang im Urlaub.

524

휴가 중이다
Anne는 내일부터 3주간 휴가이다.

525

das **Fundbüro** (-s)
Meine verlorene Geldbörse wurde im Fundbüro abgegeben.

525

분실물 보관소
내 잃어버린 지갑은 분실물 보관소에 맡겨졌어.

526

inklusive
Die Reise kostet inklusive aller Gebühren 635,65 Euro.

526

~을 포함하여
이 여행은 모든 비용을 포함하여 635.65유로야.

527

pauschal
Für eine Reise ist eine pauschale Versicherung zu empfehlen.

527

전체적인, 종합적인
여행을 위해 종합 보험을 추천합니다.

528

versichern
Hast du dein Gepäck versichern lassen?

528

보증하다, 보험에 들다
너 네 수하물 보험에 들었어?

529 ●●●

die Versicherung (-en)

Ich habe eine Stornoversicherung abgeschlossen.

529

보험

나는 여행 취소 보험을 들었다.

530 ●●●

der Tourismus (nur Sg.)

Nach ein paar schwachen Jahren boomt der Tourismus wieder.

boomen

530

관광

몇 년의 불경기 이후에 관광은 다시 호황을 누리고 있다.

호경기를 누리다

531 ●●●

die Auskunft (¨e)

Irgendwo muss es doch eine Auskunft geben.

531

정보, 안내소

어딘가에 분명 안내소가 있을 거야.

532 ●●●

der Stadtplan (¨e)

Ich suche die Auskunft mal auf dem Stadtplan.

532

도시 지도

나는 지도에서 안내소를 찾고 있어.

533 ●●●

das Souvenir (-s)

Die meisten Souvenirs werden sowieso in China gemacht.

533

기념품

대부분의 기념품들은 어쨌든 중국에서 만들어진다.

534
das Denkmal (⸚er)
기념비
Dieses Denkmal erinnert an die vielen Opfer, die der Krieg gefordert hat.
das Opfer • fordern

이 기념비는 전쟁에서 희생된 많은 희생자를 기리고 있다.
희생자 • 요구하다, 강요하다

535
die Galerie (-n)
갤러리, 미술관
Diese Galerie gibt jungen Künstlern die Möglichkeit, ihre Werke auszustellen.
das Werk • ausstellen

이 미술관은 젊은 예술가에게 그들의 작품을 전시할 수 있는 기회를 제공한다.
작품 • 전시하다

536
einheimisch
국내의, 국산의, 토종의
In den Nationalparks versucht man, einheimische Pflanzen und Tiere zu schützen.
der Nationalpark

국립공원은 토종 식물과 동물을 보호하기 위한 노력을 하고 있다.
국립공원

537
die Briefmarke (-n)
우표
Mein Freund sammelt Briefmarken und Münzen.
die Münze

내 친구는 우표와 동전을 수집해.
동전

538
die Postkarte (-n)
엽서
Meine Postkarte ist erst nach mir zu Hause angekommen.

내 엽서는 내가 온 후에야 집에 도착했다.

539

campen
Als ich ein Kind war, hat meine Familie immer am See gecampt.

539

캠핑하다
내가 어렸을 때, 나의 가족은 항상 호숫가에서 캠핑을 했어.

540

der **Campingplatz** (¨e)
Wir fuhren immer an einen bestimmten Campingplatz.

540

캠핑장
우리는 항상 특정한 캠핑장에 갔어.

541

das **Zelt** (-e)
Dort bauten wir am ersten Tag erst mal unser Zelt auf.

541

천막, 텐트
거기에서 우리는 첫날에 우선 텐트를 쳤어.

542

zelten
Wenn ich und mein Bruder nicht auf die Reise warten konnten, zelteten wir im Garten.

542

캠핑하다
나와 내 남동생이 여행을 기다릴 수 없었을 때는, 정원에 캠핑을 하곤 했어.

543

das **Lagerfeuer** (-)
Im Garten durften wir aber kein Lagerfeuer machen.

543

캠프파이어
다만 우리가 캠프파이어를 정원에서 하는 것은 허락되지 않았어.

544 ● ● ●

die **Ferien** (nur Pl.)

Trotzdem haben wir fast die ganzen Ferien im Zelt geschlafen.

544

방학

그럼에도 불구하고 우리는 거의 방학 내내 텐트에서 잤어.

---

545 ● ● ●

die **Unterkunft** (¨e)

Ich suche immer zuerst nach dem Flug und dann nach der Unterkunft.

545

숙소

나는 항상 항공편을 먼저 찾아본 다음에 숙소를 찾아.

---

546 ● ● ●

die **Jugendherberge** (-n)

In Jugendherbergen kann man günstig übernachten, aber man muss sich ein Zimmer mit anderen teilen.

546

유스호스텔

유스호스텔에서는 저렴하게 묵을 수 있지만, 다른 사람들과 방을 같이 써야 한다.

---

547 ● ● ●

die **Gaststätte** (-n)

In einer Gaststätte gibt es nur wenige Zimmer, aber man kann dort auch zu Abend essen.

547

민박집

민박집엔 방이 몇 개 밖에 없지만, 그곳에서는 저녁식사도 가능하다.

---

548 ● ● ●

das **Stadtbild** (-er) (meist Sg.)

Das Stadtbild ist von Hochhäusern geprägt.

geprägt

548

도시 풍경

그 도시 풍경은 고층 빌딩이 특징이다.

인상 깊은

549 ●●●

die **Atmosphäre** (-n) (meist Sg.)
Die Atmosphäre auf Bali ist wunderbar.

549

분위기
발리의 분위기는 멋지다.

550 ●●●

die **Buchung** (-en)
Das Hotel konnte meine Buchung nicht finden und ich musste eine andere Unterkunft suchen.

550

예약
호텔 측이 나의 예약을 찾지 못해서 나는 다른 숙소를 알아봐야만 했어.

551 ●●●

reservieren
Hast du das Restaurant für heute Abend schon reserviert?

551

예약하다
너 오늘 저녁 먹을 식당은 이미 예약했어?

552 ●●●

die **Reservierung** (-en)
Haben Sie eine Reservierung?

552

예약
예약하셨습니까?

553 ●●●

stornieren
Ich möchte meinen Flug stornieren.

553

취소하다
내 항공편을 취소하고 싶어요.

Urlaub 휴가 141

554

die **Stornierung** (-en)
Ohne Versicherung muss man für die Stornierung bezahlen.

554

취소
보험이 없으면 취소에 대한 비용을 지불해야만 합니다.

555

umbuchen
Ich musste meinen Urlaub umbuchen, weil ich plötzlich krank wurde.

555

예약을 변경하다
갑자기 아팠기 때문에 나는 휴가 여행 예약을 변경해야만 했어.

556

die **Umbuchung** (-en)
Die Umbuchung war kostenlos, aber ich musste einen Aufpreis zahlen, weil nur mehr eine Suite frei war.
die Suite • nur mehr

556

예약 변경
예약 변경은 무료였지만 스위트룸 하나 밖에는 남아 있지 않았기 때문에 나는 추가금을 지불해야만 했어.
스위트룸 • ~밖에는 ~하지 않다

557

verschoben werden
Der Flug wurde um drei Stunden verschoben.

557

연기되다
비행은 3시간 정도 연착되었다.

558

verschieben
Deshalb musste ich mein Meeting auch verschieben.

558

미루다, 연기하다
그래서 나는 회의도 미뤄야만 했다.

559

die **Küste** (-n)
Die Stadt liegt direkt an der Küste.

559

해변
도시는 바로 해변가에 있다.

560

die **Landschaft** (-en)
Die Landschaft ist geprägt von Felsen und Klippen.
der Fels • die Klippe

560

풍경
그 풍경은 바위와 절벽이 특징이다.

바위 • 낭떠러지

561

empfehlen
Könnten Sie mir ein Restaurant in der Nähe empfehlen?

561

추천하다
근처의 레스토랑을 추천해 주시겠습니까?

562

die **Empfehlung** (-en)
Eine einheimische Freundin hat mir eine Liste mit Empfehlungen geschrieben.

562

추천
한 현지 친구가 나에게 추천 목록을 써주었어.

563

entdecken
Ich freue mich schon darauf, das Land für mich zu entdecken.

563

발견하다
나는 나를 위한 나라를 발견하기를 벌써 기대하고 있어.

564

sich entfernen (+ von)
Das Schiff entfernt sich immer weiter von der Küste.

564

멀어지다
배가 해변에서 점점 멀어진다.

565

entfernt
Das Hotel ist nicht so weit entfernt, daher können wir zu Fuß zurückgehen.

565

떨어진
호텔이 그리 멀지 않아서 우리는 걸어서 돌아갈 수 있어.

566

die **Entfernung** (-en)
Die Entfernung von Seoul nach Berlin beträgt 8.122 Kilometer.

566

거리
서울에서 베를린까지의 거리는 8,122 킬로미터이다.

567

entlang
Wir sind mit dem Fahrrad entlang der Küste um die Insel gefahren.

567

~를 따라서
우리는 자전거를 타고 해안가를 따라서 섬 주변을 돌았어.

Freizeit	여가시간

568

der **Zeitvertreib** (-e) (meist Sg.)
Deutschlernen ist mein liebster Zeitvertreib.

568

심심풀이, 취미
독일어 공부는 내가 심심풀이로 가장 좋아하는 거야.

569

im Freien
Ich lerne nicht nur drinnen, sondern auch im Freien.

569

야외에서
나는 실내에서만 공부하지 않고, 야외에서도 해.

570

genießen
Ich möchte am liebsten den ganzen Tag die Sonne genießen.

570

즐기다
나는 정말 하루 종일 햇빛을 즐기고 싶어.

571

die Freizeit genießen
Am Wochenende genieße ich meine Freizeit mit meinen Freunden.

571

여가시간을 즐기다
주말에 나는 나의 친구와 여가 시간을 즐겨.

572

sich ausruhen
Heute will ich mich einfach nur ausruhen.

572

쉬다
난 오늘 그냥 쉬고 싶어.

573

sich erholen
Ich brauche Urlaub, um mich zu erholen.

573

회복하다
나는 회복하기 위해서 휴가가 필요해.

574

faulenzen
Ich will den ganzen Tag nur faulenzen und fernsehen.

574

게으름 피우다
난 하루종일 게으름 피우면서 TV만 보고 싶어.

575

abschalten
Wenn ich Computer spiele, kann ich so richtig abschalten.

575

신경을 끄다, 푹 쉬다
나는 컴퓨터 게임을 하면 정말 제대로 푹 쉴 수 있어.

576

erschöpft
70 Prozent der Arbeitnehmer meint, nach der Arbeit vollkommen erschöpft zu sein.
vollkommen

576

지친
근로자의 70%는 근무 후에 완전히 지친다고 한다.

완전한

577

die **Freizeitaktivität** (-en)
Die beliebteste Freizeitaktivität der Deutschen ist das Fernsehen.

577

여가 활동
독일인들의 가장 사랑받는 여가활동은 TV시청이다.

578

die **Sportart** (-en)
Es gibt viele Sportarten wie zum Beispiel Fußball und Tennis.

578

운동 종목
많은 운동 종목이 있는데 예를 들어 축구나 테니스 같은 것들이 있다.

579 ●●●	579
der Sportverein (-e)	스포츠 클럽
Rund 80 Prozent der Jugendlichen sind in einem Sportverein.	청소년의 약 80퍼센트가 스포츠 클럽에 속해 있다.

580 ●●●	580
einem Verein beitreten	클럽(동아리)에 가입하다
Wenn man im Ausland lebt, kann man einem Verein beitreten, um Freunde zu finden.	해외 거주 중이라면, 친구를 사귀기 위해 동아리에 가입할 수 있다.

581 ●●●	581
sportlich	스포츠의, 운동을 하는
Bis vor einem Jahr war ich noch nicht so der sportliche Typ.	일 년 전까지만 해도 나는 그렇게 운동하는 스타일이 아니었어.

582 ●●●	582
angeln	낚시하다
Angeln ist eine Sportart, für die man viel Geduld braucht.	낚시는 많은 인내가 필요한 운동 종목이다.
die Geduld	인내

583 ●●●	583
reiten	말을 타다, 승마하다
Beim Reiten ist es wichtig, sich mit dem Pferd zu verstehen.	말을 탈 때는 말과 어울리는 것이 중요하다.

584 ● ● ●
klettern
In den letzten Jahren hat das Interesse an Klettern wieder zugenommen.

584
등반하다
최근 몇 년 간 등반에 대한 관심이 다시 높아졌다.

585 ● ● ●
bowlen
Ich bowle zwar gern, aber ich hasse es, mir Schuhe auszuleihen.

585
볼링 하다
나는 볼링을 좋아하지만 신발을 빌리는 것은 싫어해.

586 ● ● ●
eislaufen
Im Winter gibt es auch viele Plätze, wo man im Freien eislaufen kann.

586
스케이트 타다
겨울에는 야외에서 스케이트를 탈 수 있는 곳도 많다.

587 ● ● ●
surfen
Der Klimawandel macht Sportarten wie Surfen gefährlicher.

587
서핑하다
기후 변화는 서핑 같은 스포츠 종목을 더 위험하게 만들고 있다.

588 ● ● ●
trainieren
Es ist gut, den Körper dreimal in der Woche zu trainieren.

588
훈련하다
몸을 주 3회 훈련하는 것이 좋다.

589

das Training (-s)

Das Training sollte dabei anstrengend, aber nicht quälend sein.

quälend

589

훈련

훈련은 전력을 다하면서도 고통스럽지는 않아야 한다.

고통스러운

590

fit

Durch das regelmäßige Training kann man fit werden.

590

체력이 좋은, 건강한

규칙적인 훈련을 통해 건강해질 수 있다.

591

die Fitness (nur Sg.)

Die durchschnittliche Fitness lässt zu wünschen übrig.

zu wünschen übriglassen

591

운동, 헬스

평균적인 운동으로는 충분하지 않나.

충분하지 않다

592

schwitzen

In einem guten Training muss man nicht unbedingt schwitzen.

592

땀을 흘리다

좋은 운동이라고 절대적으로 땀을 흘려야 하는 것은 아니다.

593

ausgehen

Julia braucht stundenlang, um sich zum Ausgehen fertig zu machen.

593

나가다, 외출하다

Julia는 나갈 준비를 마치려면 몇 시간이 걸린다.

594 ● ● ●
schick
Was „schick" bedeutet, unterscheidet sich von Generation zu Generation.
die Generation

594
세련된
'세련된'이 의미하는 것은 세대마다 다르다.

세대

595 ● ● ●
flirten
Die meisten Deutschen finden, dass ein Lächeln beim Flirten ein Muss ist.
ein Muss sein

595
유혹하다, 플러팅 하다
대부분의 독일인은 유혹을 할 때 미소가 필수라고 생각한다.

필수이다

596 ● ● ●
grillen
Im Sommer grillen viele im Garten oder am See.

596
석쇠로 굽다
여름에는 많은 사람이 정원이나 호숫가에서 바비큐를 한다.

597 ● ● ●
die Fotografie (-n)
Mein liebster Zeitvertreib ist die Fotografie.

597
사진
내가 심심풀이로 가장 좋아하는 건 사진이야.

598 ● ● ●
ein Konzert/eine Ausstellung besuchen
Letztes Wochenende habe ich eine Ausstellung über den zweiten Weltkrieg besucht.

598
연주회/전시회를 방문하다
지난주에 나는 2차 세계 대전에 관한 전시회를 방문했어.

599 ●●●

ein Instrument spielen

Viele Eltern wollen, dass ihre Kinder ein Instrument spielen.

599

악기를 연주하다

많은 부모는 그들의 아이가 악기를 연주하기를 바란다.

---

600 ●●●

sich interessieren (+ für Akk.)

Ich interessiere mich für Politik und Geschichte.

600

(~에) 관심이 있다

나는 정치와 역사에 관심이 있어.

---

601 ●●●

das Interesse (-n)

Mein Interesse liegt im Bereich Philosophie.

die Philosophie

601

흥미, 관심

내 관심은 철학 분야에 있어.

철학

---

602 ●●●

das Nickerchen (-)

Ein Nickerchen am Nachmittag ist das Beste, was es gibt.

602

낮잠

오후의 낮잠은 존재하는 가장 최고의 것이지.

---

603 ●●●

der Spaziergang (¨e)

Ein täglicher Spaziergang ist gut für die Gesundheit.

603

산책

매일 하는 산책은 건강에 좋아.

604

vor sich hin träumen

Manchmal muss man einfach vor sich hin träumen.

604

공상하다

가끔은 그냥 공상하기도 해야 해.

605

stricken

Meine Oma strickt im Winter immer dicke Socken für die ganze Familie.

605

뜨개질하다

나의 할머니는 겨울에 항상 온 가족을 위해 두꺼운 양말을 뜨개질하셔.

606

sich sonnen

In Deutschland sonnen sich die Menschen im Sommer, um braun zu werden.

606

햇빛을 쬐다

독일에서는 사람들이 선탠 하기 위해 여름에 햇빛을 쬔다.

607

das E-Book (-s)

Als das E-Book auf den Markt kam, dachten viele Menschen, dass es bald keine Bücher mehr gäbe.

607

전자책

전자책이 시장에 나왔을 때, 많은 사람들은 곧 책이 없어질 것이라고 생각했다.

608

das E-Bike (-s)

Das E-Bike ist nicht nur bei Senioren beliebt.

608

전기 자전거

전기 자전거는 노인에게만 인기 있는 것이 아니다.

609 ●●●

der Fan (-s)

Diese Band hat weltweit viele Fans, auch ich bin ein Fan der Band.

609

팬

이 밴드는 전 세계적으로 많은 팬을 보유하고 있는데, 나도 이 밴드의 팬이야.

---

610 ●●●

das Festival (-s)

Obwohl es während des Rockfestivals geregnet hat, war es ein voller Erfolg.

610

축제, 페스티벌

락 페스티벌 동안에 비가 왔음에도 불구하고 그것은 아주 성공적이었어.

---

611 ●●●

der Hit (-s)

Diese Band hatte einen Hit und danach ist sie wieder verschwunden.

611

히트곡

이 밴드는 히트곡을 히나 낸 후에 다시 사라졌어.

---

612 ●●●

live

Im Fernsehen ist kein Fußballspiel wirklich live, weil das Gefühl ganz anders als im Stadion ist.

612

생방송으로, 실시간으로

TV에서의 어떤 축구경기도 진정한 라이브는 아니다. 왜냐하면 그 느낌이 경기장과는 완전히 다르기 때문이다.

---

613 ●●●

die Show (-s)

Die Show wurde von einer bekannten Moderatorin moderiert.

die Moderatorin • moderieren

613

쇼

그 쇼는 유명한 사회자에 의해 진행되었다.

사회자 • 진행하다

Freizeit 여가시간

614

auftreten
Ich bin schon mal im Fernsehn aufgetreten.

614

출연하다
나는 TV에 출연한 적이 있어.

615

der **Auftritt** (-e)
Mir war der Auftritt damals super peinlich.

615

출연, 등장
난 당시 그 출연이 엄청나게 창피했어.

616

die **Bühne** (-n)
Ich stehe lieber auf einer Theaterbühne.

616

무대
연극무대에 서는 것을 더 좋아해.

617

die **Chance** (-n)
Aber wenn ich die Chance hätte, würde ich auch gerne eine Rolle in einem Drama übernehmen.

617

기회, 찬스
하지만 기회가 된다면 나도 드라마에서 역할 하나 맡아보고 싶다.

618

die **Darstellung** (-en)
Seine Darstellung des Romeo war unerwartet, aber eindrucksvoll.

618

연기
걔의 로미오 연기는 예상하지 않았지만 아주 인상 깊었어.

619
sich amüsieren
Ich und meine Freunde haben uns gestern köstlich amüsiert.

619
즐겁게 지내다, 즐거워하다
나와 나의 친구들은 어제 아주 즐거웠어.

620
angenehm
Die kühle Abendluft ist nach diesem heißen Tag sehr angenehm.

620
즐거운, 기분 좋은
이 더운 낮 이후의 신선한 저녁 공기는 아주 기분 좋다.

621
der **Augenblick** (-e)
Manchmal ändert sich alles in nur einem Augenblick.

621
순간, 찰나
때로는 모든 것이 단 한순간에 바뀌기도 한다.

622
einen Ausflug ins Grüne machen
Willst du mit mir einen Ausflug ins Grüne machen?

622
교외로 소풍을 가다

나랑 교외로 소풍 갈래?

623
ins Blaue fahren
Gerne, hast du ein Ziel oder sollen wir einfach ins Blaue fahren?

623
목표 없이 가다
좋아, 목적지가 있어? 아니면 우리 그냥 무작정 갈까?

624
unternehmen
Willst du am Wochenende etwas mit mir unternehmen?

624
행하다, 벌이다
주말에 나랑 뭐 같이 할래?

625
picknicken
Wie wäre es mit Picknicken im Park?

625
소풍 하다
공원에서 피크닉 하는 거 어때?

626
das **Picknick** (-e)
Oh ja, ich habe schon lange kein Picknick mehr gemacht!

626
소풍
오 좋아, 나 피크닉 안 한 지 오래됐어!

627
eine Rundfahrt machen
Wir könnten auch eine Bootsrundfahrt machen.

627
투어를 하다
우리는 보트 투어를 할 수도 있어.

628
das **Schwimmbad** (¨er)
Lass uns ins Schwimmbad gehen!

628
수영장
우리 수영장 가자!

629

das Freizeitbad (¨er)

Aber im Freizeitbad gibt es auch Rutschen.

die Rutsche

629

수영장, 워터파크

하지만 수영장에는 미끄럼틀도 있어.

미끄럼틀

연습문제

Urlaub und Freizeit 휴가와 여가시간

1 Hör den Text und beantworte die Fragen.

ⓐ Was ist das Reiseziel?

ⓑ Wie hoch sind die Reisekosten?

ⓒ Ist eine Versicherung im Angebot enthalten?

ⓓ Welche Art von Unterkunft wird angeboten?

ⓔ Kann man die Reise stornieren?

2 Ergänze die fehlenden Wörter im Text.

> der Stadtplan   die Jugendherberge   die Atmosphäre
> der Spaziergang   das Nickerchen   das Blaue   das Picknick

Gestern bin ich aus dem Urlaub wieder nach Hause gekommen. Ich war mit meiner Freundin in Italien. Wir haben uns vorher nicht genau überlegt, wo wir hin möchten. Wir sind einfach ins Auto gestiegen und ins ⓐ _____ gefahren. Etwa eine Stunde nach der Grenze sind wir in einer kleinen Stadt angekommen. Ich hatte von der Stadt davor noch nie gehört. Deshalb haben wir uns erst mal einen ⓑ _____ geholt. Da die ⓒ _____ der Stadt so toll war, haben wir uns auch gleich zwei Betten in der ⓓ _____ reserviert. Danach haben wir einen ⓔ _____ durch die Stadt gemacht. Bei einer kleinen Pizzeria haben wir super Pizza gegessen und Wein getrunken. Da wir von der Autofahrt sehr müde waren, wollten wir ein ⓕ _____ machen.
Zu unserer Verwunderung sind wir erst am nächsten Morgen aufgewacht. Da das Wetter spitze war, sind wir zu einem kleinen Laden und haben alles für ein

ⓖ _____ eingekauft und haben uns wieder auf den Weg gemacht. Gegen Mittag haben wir unsere Leckereien gegessen und uns entschieden den Rest des Urlaubs in der kleinen Stadt zu verbringen. Also sind wir zurückgefahren und haben uns ein Zimmer für 5 Tage genommen…

3 Welche Hobbys haben die Sprecher und Sprecherinnen?

klettern   reiten   angeln   fotografieren   ausgehen

ⓐ _____
ⓑ _____
ⓒ _____
ⓓ _____
ⓔ _____

Erfahrungen im Leben
인생의 경험

Vergangenheit	과거
630 ●●● **der Unterschied** (-e) Es gibt so viele Unterschiede zwischen Deutschland und Korea, dass viele anfangs einen Kulturschock erleben. anfangs • der Kulturschock	630 **차이** 독일과 한국 사이에는 아주 많은 차이점이 있어서 많은 사람들이 처음에 문화 충격을 경험한다. 처음에 • 문화충격
631 ●●● **ein großer Unterschied** Ein großer Unterschied zwischen Korea und Deutschland ist, dass das Alter einer Person in Korea eine sehr große Rolle spielt. eine große Rolle spielen	631 **큰 차이** 한국과 독일의 큰 차이점은 한국에서는 사람의 나이가 아주 중요한 역할을 한다는 것이다. 중요한 역할을 하다
632 ●●● **einen Unterschied machen** Es macht einen Unterschied, wo man den Kaffee kauft.	632 **차이가 나다, 다르다** 커피를 어디서 사느냐에 따라 다르다.
633 ●●● **unterschiedlich** Zinnoberrot und Weinrot sind doch eindeutig zwei unterschiedliche Farben. Zinnoberrot • Weinrot	633 **상이한, 다른** 주홍빛과 자홍색은 명확히 두 가지의 다른 색이다. 주홍색 • 자홍색

634
verschieden

Als ich in Urlaub war habe ich viele verschiedene Gerichte gekostet.

das Gericht

634
여러 가지의, 다양한

휴가 갔을 때 나는 많은 다양한 음식을 맛보았어.

(조리된) 음식

635
anders

Früher war alles noch ganz anders.

635
다른 방식으로, 달리

예전에는 모든 것이 완전히 달랐어.

636
versäumen

Ich habe den richtigen Zeitpunkt versäumt und jetzt werde ich ihm nie sagen können, wie ich fühle.

636
놓치다

나는 적당한 타이밍을 놓쳐버렸고 이제 나는 걔한테 내가 어떻게 느끼는지 절대 말할 수 없을 거야.

637
der Rat (¨e)

Ich frage immer meine Oma um Rat, weil sie viel Erfahrung hat.

637
충고

나의 할머니는 많은 경험을 가지고 있기 때문에 나는 항상 할머니에게 조언을 구해.

638
der Ratschlag (¨e)

Zudem gibt meine Oma immer die besten Ratschläge.

638
충고, 조언

게다가 할머니는 항상 최고의 조언을 해주셔.

639 ● ● ●

raten
Wenn ich meinem 15-jährigen ich etwas raten könnte, würde ich mir sagen, habe Geduld.

639

충고하다
만약 내가 15살의 나에게 무언가 조언을 해줄 수 있다면, 인내심을 가지라고 할 거야.

640 ● ● ●

verlieren
Meine Kollegin hat letztens auf dem Klo einen Ohrring verloren.

640

잃어버리다
내 동료는 최근에 화장실에서 귀걸이 하나를 잃어버렸어.

641 ● ● ●

das Geheimnis (-se)
Meine Kollegin hat mir letztens ein Geheimnis anvertraut.

641

비밀
내 동료가 최근에 나에게 비밀을 털어놓았어.

642 ● ● ●

ein dunkles Geheimnis
Ihr dunkles Geheimnis ist, dass sie den Nachbarshund vergiftet hat, weil er so laut gebellt hat.
vergiften • bellen

642

어두운 비밀
걔의 어두운 비밀은, 이웃의 개를 너무 시끄럽게 짖어댔다는 이유로 독살했다는 거야.
독을 먹이다, 독살하다 • 짖다

643 ● ● ●

heimlich
Meine Kollegin telefoniert auf dem Klo heimlich mit ihrem Freund, obwohl sie eigentlich arbeiten müsste.

643

은밀한
내 동료는 원래 일을 해야 함에도 불구하고 화장실에서 남자 친구와 은밀하게 전화 통화를 했어.

644

verheimlichen
Ich bin mir sicher, dass mir meine Kollegin etwas verheimlicht.

644

숨기다
내 동료가 나에게 무언가를 숨기고 있는 게 분명해.

645

die **Kindheit** (nur Sg.)
Denn meine Kollegin spricht nie über ihre Kindheit.

645

어린 시절
왜냐하면 내 동료는 그녀의 어린 시절에 대해 절대 이야기하지 않거든.

646

die **Jugend** (nur Sg.)
Aber sie spart nicht mit Geschichten aus ihrer Jugend.

mit etwas sparen

646

청년기, 청소년, 젊음
히지만 걔는 청소년 시절의 이야기는 아끼지 않아.

무언가를 아끼다

647

als ich jung war
Als ich jung war, habe ich immer mit meiner Tante gespielt.

647

내가 어렸을 때
내가 어렸을 때, 나는 항상 나의 이모와 함께 놀았어.

648

klagen
Sie klagt über ihr langweiliges Leben.

648

불평하다
걔는 걔의 지루한 삶에 대해서 불평해.

Vergangenheit 과거 163

649

kritisieren
Aber sie kritisiert auch jeden Vorschlag sehr scharf.

649

비판하다
하지만 걔는 또한 모든 제안에 대해서 매우 날카롭게 비판해.

650

loben
Meine Eltern haben mich nur sehr selten gelobt.

650

칭찬하다
나의 부모님은 나를 아주 가끔씩만 칭찬해 주셨어.

Gegenwart	현재

651

(aus-)probieren
Probier doch mal was Neues wie zum Beispiel einen Sportverein aus.

651

시도하다
예를 들면 스포츠 클럽 같은 새로운 것을 한번 시도해 봐.

652

verwirren
Mit 16 dachte ich, ich wüsste, was ich später werde, aber jetzt kenne ich viel mehr Möglichkeiten und sie verwirren mich sehr.

652

혼란케 하다
16살 때 나는 내가 나중에 무엇이 될지 안다고 생각했지만 지금은 훨씬 더 많은 가능성을 알고, 그게 나를 아주 혼란스럽게 해.

653

verwirrt
Es ist normal, in seinen 20ern verwirrt zu sein und nicht zu wissen, was man will.

653

당황한, 혼란스러운
20대에는 혼란스럽고 무엇을 원하는지 모르는 것이 정상이다.

654
verwechseln
Als ich letztens auf dem Weg zum Bäcker war, habe ich einen fremden Mann mit dem Bruder meiner besten Freundin verwechselt.

654
혼동하다
난 최근 빵집에 가고 있을 때 낯선 남자를 내 가장 친한 친구의 형제로 혼동했어.

655
erkennen
Ich wurde gestern in der Bäckerei von deinem Bruder bedient und ich habe ihn erst gar nicht erkannt.

655
알아보다
어제 빵집에서 네 형제에게 서빙을 받았는데도 처음에는 걔를 전혀 알아보지 못했어.

656
verzweifeln
Nur weil man das Staatsexamen nicht besteht, muss man nicht verzweifeln.

das Staatsexamen

656
절망하다
국가고시를 통과하지 못한다는 이유만으로 절망할 필요는 없어.

국가고시

657
verzweifelt
Mehrere Länder kämpfen verzweifelt gegen die steigende Zahl der Ebola-Toten.

steigen

657
필사적인
많은 나라가 에볼라로 인해 증가하는 사망자 수와 필사적으로 싸우고 있다.

증가하다

658
die **Verzweiflung** (-en) (meist Sg.)
Er sah keine Ausweg und nahm sich aus Verzweiflung das Leben.

keinen Ausweg sehen • sich das Leben nehmen

658
절망
걔는 탈출구를 찾지 못했고 절망한 나머지 스스로 목숨을 끊었어.

출구가 전혀 보이지 않다 • 스스로 목숨을 끊다

659 ● ● ●

sich verhalten
Viele Leute verhalten sich wie wilde Tiere, wenn es gute Angebote gibt.

659

행동하다
좋은 특가 상품이 있으면, 많은 사람은 마치 야생 동물처럼 행동한다.

660 ● ● ●

das Verhalten (nur Sg.)
Grundschulkinder müssen korrektes Verhalten erst noch lernen.

korrekt

660

행동
초등학생은 올바른 행동부터 먼저 배워야 해.

올바른

661 ● ● ●

sich benehmen
Der Sohn meiner Schwester kann sich beim Essen einfach nicht benehmen.

661

처신하다, 행동하다
내 여동생의 아들은 식사할 때 행실이 바르지 않아.

662 ● ● ●

das Benehmen (nur Sg.)
Die Kinder meines Bruders haben kein gutes Benehmen.

662

예의
내 남동생의 아이들은 예의가 없어.

663 ● ● ●

erwischen
Ich habe meinen Mann letztens dabei erwischt, wie er Nutella direkt aus dem Glas gegessen hat.

663

적발하다, 검거하다
나는 최근에 나의 남편이 누텔라를 유리 용기에서 바로 퍼먹고 있던 것을 검거했어.

664
der Respekt (nur Sg.)
Die Bibel lehrt, dass man Respekt vor seinen Eltern haben sollte.
die Bibel • lehren

664
존경, 존중
성경은 부모님을 존경해야 한다고 가르친다.

성경 • 가르치다

665
respektieren
Ich respektiere deine Meinung, aber um ehrlich zu sein, sehe ich das ganz anders.
um ehrlich zu sein

665
존경(존중)하다
나는 너의 의견을 존중해. 하지만 솔직히 말하면 나는 매우 다른 의견이야.

솔직히 말하자면

666
respektvoll
Wir legen viel Wert darauf, dass unsere Call-Center-Mitarbeiter respektvoll mit unseren Kunden umgehen.
Wert legen (auf Akk.) • mit jmdm. umgehen

666
공손한, 정중한
우리는 우리의 콜센터 직원이 고객을 공손하게 대하는 것을 아주 중요하게 생각한다.

(~를) 중요하게 여기다 • ~를 대하다

667
akzeptieren
Manche Dinge sind schwer zu akzeptieren, aber meistens hat man so oder so keine andere Wahl.

667
인정하다, 받아들이다
어떤 것들은 받아들이기 어려우나 대부분 어찌 되었든 다른 선택지가 없다.

668
behandeln
Ich habe nach dem Studium ein Praktikum gemacht und wurde dort wie der letzte Idiot behandelt.

668
대우(취급)하다
나는 대학 졸업 후에 실습을 했고, 그곳에서 바보 천치 취급을 받았어.

669

die **Behandlung** (nur Sg.)

Die schlechte Behandlung der Mitarbeiter hat dazu geführt, dass viele gekündigt haben.

die schlechte Behandlung

669

처리, 대우

직원에 대한 푸대접은 많은 사람들이 퇴직하도록 만들었다.

냉대, 푸대접

670

vertrauen

Ich vertraue meinem Lehrer nicht, auch wenn er angeblich einen Doktor in Germanistik hat.

angeblich

670

신뢰하다

나는 내 선생님이 소위 독어독문학 박사라고 하더라도 신뢰하지 않아.

소위

671

das **Vertrauen** (nur Sg.)

Hab mehr Vertrauen in deine eigenen Fähigkeiten!

eigen- • die Fähigkeit

671

신뢰

네 자신의 능력에 더 자신감을 가져!

자기 자신의 • 능력

672

zurechtkommen

Bist du in Deutschland am Anfang gut zurechtgekommen?

672

잘 해내다

너 독일에서 처음에 잘 해냈어?

673

klarkommen (mit jmdm.) (ugs.)

Ich muss dir ehrlich sagen, Edith, ich komme mit dem neuen Mitarbeiter ja mal so gar nicht klar.

673

(~와) 잘 지내다

솔직하게 말할게. Edith, 나 그 새로운 직원하고 진짜 전혀 잘 못 지내겠어.

674

umgehen
Ich habe eine Freundin, die kann mit Geld überhaupt nicht umgehen.

674

다루다, 대하다
나는 돈을 전혀 아껴 쓸 줄 모르는 친구가 하나 있어.

675

die **Gewohnheit** (-en)
Am Anfang musste ich mich zwingen, ins Fitnessstudio zu gehen, aber jetzt ist es schon zur Gewohnheit geworden.
sich zwingen

675

습관
처음에는 억지로 헬스장에 가야만 했는데, 지금은 벌써 습관이 되었어.

억지로 하다

676

die **Angewohnheit** (-en)
Eine Beziehung kann schon mal an den schlechten Angewohnheiten des Partners scheitern.
scheitern

676

(부정적인) 버릇
파트너의 안 좋은 버릇 때문에 관계가 무너질 수 있다.

좌절하다

677

sich **gewöhnen** (an Akk.)
Ich habe mich ja schon an vieles hier in Deutschland gewöhnt, aber an das schlechte Wetter werde ich mich wahrscheinlich niemals gewöhnen.
niemals

677

(~에) 익숙해지다
나는 이미 여기 독일의 많은 것들에 익숙해졌지만, 이 안 좋은 날씨에는 아마도 절대 익숙해지지 않을 것 같아.

결코 ~아닌

678

gewohnt
Da ich schon mit 15 an der Baustelle gearbeitet habe, bin ich harte Arbeit gewohnt.

678

익숙한
나는 이미 15살 때 건설 현장에서 일을 했었기 때문에, 힘든 일에 익숙해.

Gegenwart 현재

679
gewöhnlich
Man muss sich Zeit nehmen, um auch die gewöhnlichen Tage zu genießen.

679
일상적인, 평범한
평범한 날도 즐기기 위해서는 시간을 가져야 해.

680
fremd
Sich in einem fremden Land an die fremde Kultur zu gewöhnen ist nicht einfach.

680
낯선
낯선 나라에서 낯선 문화에 적응하는 건 쉽지 않다.

681
ungewohnt
Ich hatte über 10 Jahre lang nur nachts gearbeitet und als ich dann tagsüber arbeiten sollte, war das total ungewohnt für mich.

tagsüber

681
익숙하지 않은, 낯선
나는 10년 넘게 밤에만 일을 했었는데 그리고 나서 낮에 일하게 되었을 때는 그게 내겐 너무 낯설었어.

낮, 낮시간대

682
ungewöhnlich
Mit dieser Methode hatte ich ungewöhnliche Erfolge beim Deutschlernen.

682
일상적이지 않은, 이례적인
이 방법으로 나는 독일어 공부에서 이례적인 성공을 거두었다.

683
lösen
Die Aufgabe konnte von keinem der Schüler gelöst werden.

683
풀다
이 과제는 학생 중 그 누구도 풀어낼 수 없었다.

684
die **Lösung** (-en)
Als ich die Lösung an die Tafel schrieb, gab es nur verwirrte Gesichter.

die Tafel

684
정답
내가 정답을 칠판에 썼을 때, 그저 당황한 얼굴들이었다.

칠판

685
ein **Problem lösen**
Wenn wir das Problem mit den Kakerlaken nicht selbst lösen können, müssen wir einen Kammerjäger rufen.

die Kakerlake • der Kammerjäger

685
문제를 풀다
만약 우리가 바퀴벌레 문제를 스스로 해결할 수 없다면, 해충 업자를 불러야 해.

바퀴벌레 • 해충을 박멸하는 사람

686
die **Schwierigkeit** (-en) (meist Pl.)
Viele wechseln den Job, weil sie auf der Arbeit Schwierigkeiten mit den Kollegen haben.

wechseln

686
어려움
많은 사람들이 직장에서 동료와 문제가 있어서 이직을 한다.

바꾸다

687
Schwierigkeiten bereiten
Das Mathestudium damals hat mir so viele Schwierigkeiten bereitet, dass ich das Studium abbrechen musste.

ein Studium abbrechen

687
애먹이다, 힘들게 하다
당시의 수학 전공 공부가 나를 정말 많이 힘들게 해서 나는 자퇴해야만 했어.

학업을 포기하다

688
aushalten
Wenn mein Mann schlechte Laune hat, kann man ihn kaum aushalten, weil er so meckert.

die Laune • meckern

688
견디다, 참다
내 남편이 기분이 안 좋을 때는 너무 투덜대기 때문에 견디기가 힘들어.

기분 • 투덜거리다

Gegenwart 현재 171

689

ertragen
Seit Monaten ertrage ich die Stimmungsschwankungen meiner schwangeren Frau.
die Stimmungsschwankung

689

견디다, 참다
몇 달 동안 나는 내 임신한 아내의 감정 기복을 견디고 있는 중이야.
감정 기복

690

die **Schuld** (nur Sg.)
Martin Schneider hat beim Fahren telefoniert, daher war es seine Schuld, dass es zu dem Unfall kam.
der Unfall

690

잘못
Martin Schneider는 운전하면서 전화를 했기에 사고가 일어난 것은 그의 잘못이다.
사고

691

schuld sein (an + Dat.)
Du bist schuld daran, dass ich nachts nicht schlafen kann!

691

(~에) 책임이 있다
내가 밤마다 잠을 잘 수 없는 것은 네 책임이야!

692

verantwortlich (für + Akk.)
Wer ist für dieses Chaos verantwortlich?
das Chaos

692

(~에) 책임이 있는
이 난장판은 누구 책임이야?
엉망진창, 난장판

693

die **Verantwortung** (-en) (meist Sg.)
Eltern tragen die Verantwortung dafür, dass ihre Kinder in die Schule gehen.

693

책임
부모는 그들의 아이가 학교에 다니도록 할 책임을 지닌다.

694

das **Pflichtgefühl** (-e)
Um ein Pflichtgefühl zu entwickeln, müssen Kinder auch selbst die Verantwortung übernehmen.

694

의무감
의무감을 기르기 위해서는 아이들 역시 스스로 책임을 지는 수밖에 없다.

695

zugeben
Mein Bruder will nicht zugeben, dass er nicht so gut Englisch kann wie ich.

695

인정하다
나의 남동생은 나처럼 영어를 그렇게 잘하지 못하는 점을 인정하지 않으려 해.

696

lügen
Es gibt auf Deutsch das Sprichwort: Wer einmal lügt, dem glaubt man nicht, und wenn er auch die Wahrheit spricht.

das Sprichwort • die Wahrheit

696

거짓말하다
독일어로 이런 속담이 있다: 한번 거짓말을 한 자를 사람들은 믿지 않는다. 그가 진실을 말한다 하더라도.

속담 • 진실

697

anlügen
belügen
Mein Freund hat mich die ganze Zeit angelogen und wir sind schon 2 Jahre in einer Beziehung.

697

속이다

내 남자 친구는 내내 나에게 거짓말을 했는데 우리는 벌써 2년 동안 사귀는 중이다.

698

die Wahrheit sagen
Kinder und Betrunkene sagen immer die Wahrheit.

698

진실을 말하다
아이와 취객은 항상 진실을 말한다.

699
sich irren
Ich habe mich geirrt, du hast vollkommen recht.

699
잘못 생각하다
내가 잘못 생각했어. 네가 완전히 맞아.

700
sich konzentrieren (auf + Akk.)
Ich muss mich jetzt wieder auf die Arbeit konzentrieren.

700
(~에) 집중하다
나는 이젠 다시 일에 집중해야 해.

701
die Neuigkeit (-en)
Hast du die Neuigkeiten des Tages schon gehört?

701
뉴스, 소식
너 오늘의 뉴스를 벌써 들었어?

702
passieren
Was ist denn passiert?

702
발생하다
무슨 일 있었어?

703
behindern
Jemand hat mit dem Auto den Weg der Rettung behindert und deswegen ist ein verletztes Kind viel zu spät ins Krankenhaus gekommen.

703
방해하다
누군가 자동차로 구조대의 길을 방해해서 다친 아이가 너무 늦게 병원에 도착했어.

704
die **Behinderung** (-en)
Das Kind ist nicht gestorben, aber es muss ab jetzt mit einer Behinderung leben.

704
방해, 장애
그 아이는 죽지 않았지만 이제부터 장애를 가지고 살아야 해.

705
stumm
Jemand, der stumm ist, kann nicht sprechen, aber jemand, der stumm bleibt, will nicht sprechen.

705
언어장애의, 무언의
언어장애가 있는 자는 말을 할 수 없는 것이지만, 침묵하는 자는 말을 하지 않으려 하는 것이다.

706
taub
Schrei nicht so, ich bin doch nicht taub!

706
청각장애의, 귀먹은
그렇게 소리 지르지 마. 나 귀먹지 않았거든!

707
blind
Seit dem Unfall ist der Junge vollkommen blind, sprich, er kann gar nichts mehr sehen.

707
시각장애의, 눈먼
사고 이후로 그 남자아이는 완전히 눈이 멀게 되었다. 말하자면 그는 더 이상 아무것도 볼 수 없다.

708
körperlich
Das wird nicht nur körperlich, sondern auch psychisch anstrengend werden.

708
신체적인
그것은 신체적인 것뿐만 아니라 정신적으로도 힘들 거야.

709 ● ● ●

die **Situation** (-en)
Die Situation ist für alle Beteiligten nicht einfach zu verkraften.
der Beteiligte • verkraften

709

상황
그 상황은 모든 관련 있는 자들에겐 감당하기 쉽지 않아.
관계자, 참가자 • 감당하다

710 ● ● ●

vermuten
Aber ich vermute, dass alles gelöst werden kann.

710

추측하다
하지만 내가 추측하기에, 모든 것은 해결될 수 있을 거야.

711 ● ● ●

vermutlich
Vermutlich geht es allen morgen schon wieder besser.

711

추측건대, 아마
아마 내일이면 모두들 더 나아질 거야.

712 ● ● ●

vernünftig
Ich denke, mein Bruder wurde nicht vernünftiger mit dem Alter.
mit dem Alter

712

이성적인
내가 생각하기에, 내 남동생은 나이에 비해 성숙해지지 않았어.
나이가 들면서

713 ● ● ●

realisieren
Irgendwann wird auch er realisieren, dass es im Leben mehr als nur Computerspiele gibt.

713

실현하다, 깨닫다
언젠가 걔도 삶에는 컴퓨터 게임 이상의 것이 존재한다는 걸 깨달을 거야.

714
die **Realität** (-en) (meist Sg.)
Die Realität holt meistens irgendwann die Träume ein.
einholen

714
현실
현실은 대개 언젠가 꿈을 따라잡는다.

(잃어버린 것을) 따라잡다

715
realistisch
Man muss die Sache realistisch betrachten, sonst hat man keine Chance.
die Sache

715
현실적인
이 사태를 현실적으로 바라보아야 한다. 그렇지 않으면 기회는 없다.
사물, 사건

Zukunft | 미래

716
überwinden
Seine Ex-Frau fühlte sich nach der Scheidung frei, während er den Trennungsschmerz nie richtig überwinden konnte.
die Scheidung • die Trennung

716
극복하다
걔가 이별의 아픔을 전혀 제대로 극복할 수 없었던 반면, 걔의 예전 아내는 이혼 후 자유를 느끼고 있었다.
이혼 • 이별, 분리

717
der **Konflikt** (-e)
Politische Konflikte können zu Kriegen führen.

717
갈등
정치적 갈등은 전쟁을 일으킬 수 있다.

718
das **Hindernis** (-se)
Jeder stößt im Leben auf Hindernisse, sogar reiche Leute wie Paris Hilton.
jeder • stoßen auf Akk.

718
장애물
누구나 인생에서 장애물에 봉착한다. 심지어 Paris Hilton같은 부유한 사람들조차도 말이다.
각자, 모두, 누구나 • ~에 부딪히다

719 ● ● ●
ein Hindernis überwinden
Auf dem Weg zu ihrem Traumjob musste sie mehrere Hindernisse überwinden.

719
장애물을 넘다
걔는 장래희망으로 가는 길에서 여러 장애물을 넘어야만 했다.

720 ● ● ●
das **Risiko** (Risiken)
Dieses Risiko kann ich nicht eingehen.

ein Risiko eingehen

720
위험, 모험
난 이러한 위험을 감수할 수 없어.

위험을 무릅쓰다

721 ● ● ●
riskieren
Ich werde alles und noch mehr riskieren.

721
(위험을) 무릅쓰다
나는 모든 것과 그보다 더 한 위험을 무릅쓸 수 있어.

722 ● ● ●
der **Vorsatz** (¨e)
Hast du Vorsätze fürs neue Jahr?

722
결심
너 새해 결심이 있니?

723 ● ● ●
sich vornehmen
Nach ihrem letzten Arztbesuch hat sich meine Mutter jetzt fest vorgenommen, mehr Sport zu machen.

723
작정하다, 결심하다
최근 병원에 다녀온 후에 나의 어머니는 더 많은 운동을 하기로 이제 확고히 결심하셨어.

724
aufgeben
Viele Marathonläufer wollen am liebsten schon vor dem Marathon aufgeben.

724
포기하다
많은 마라토너는 마라톤 하기 전에 벌써 포기하고 싶어 한다.

725
scheitern
Will man erfolgreich sein, darf man keine Angst davor haben zu scheitern.

erfolgreich

725
좌절하다, 실패하다
성공하고 싶다면 실패하는 것을 두려워하면 안 된다.

성공적인

726
das **Ziel** (-e)
Ich habe nur ein Ziel in meinem Leben und das ist, eine reiche Frau zu heiraten.

726
목표
나는 내 인생에 오직 한 가지 목표만을 가지고 있는데, 그것은 부유한 여자와 결혼하는 것이다.

727
sich ein Ziel setzen
Meine Kollegin hat sich vor Kurzem das Ziel gesetzt, sich jeden Tag selbstgekochtes, gesundes Essen mit zur Arbeit zu nehmen.

vor Kurzem

727
목표를 설정하다
나의 동료는 최근에 매일 스스로 만든 건강한 음식을 일터에 가져오는 목표를 세웠어.

최근에

728
erreichen
Wie kann man im Leben das erreichen, was man sich wünscht?

728
도달하다
어떻게 인생에서 원하는 것에 도달할 수 있을까?

729 ● ● ●
sich verändern
Alles verändert sich im Laufe der Zeit, die einen lassen sich einen Bart wachsen, die anderen bekommen ein Kind.

der Bart

729
바꾸다, 변하다
모든 것은 시간이 지남에 따라 변한다. 어떤 이는 수염을 기르고 다른 이는 아이를 낳는다.

수염

730 ● ● ●
sich entwickeln
Der Sohn, der in der Schule nie still sitzen konnte, entwickelte sich später zu einem sehr ruhigen und sympathischen Mann.

730
발전하다
학교에서 전혀 조용히 앉아있을 수 없었던 아들이 후에 매우 조용하고 호감이 가는 남자로 성장했다.

731 ● ● ●
weiterentwickeln
Ich glaube, ich muss mir einen neuen Job suchen, um mich beruflich weiterentwickeln zu können.

731
계속 발전시키다
나는 나를 직업적으로 계속 발전시킬 수 있도록 새로운 직업을 찾아야 한다고 생각해.

732 ● ● ●
kennenlernen
In einem fremden Land lernt man nicht nur neue Leute kennen, sondern auch eine andere Kultur.

732
아는 사이가 되다
외국에서는 새로운 사람들 뿐만 아니라 다른 문화도 알게 돼.

733 ● ● ●
erwarten
Ich erwarte von dir vollen Einsatz bei dem Spiel morgen.

der Einsatz

733
기대하다
내일 경기에서 네가 전력을 다하기를 기대할게.

투입, 진력

734 ● ● ●
die **Erwartung** (-en)
Meine Eltern stellen unglaublich hohe Erwartungen an mich, aber ich möchte sie nicht enttäuschen.

734
기대
나의 부모님은 나에게 말도 안 되는 높은 기대를 걸지만, 나는 그들을 실망시키고 싶지 않아.

735 ● ● ●
vorstellen
Kannst du dir vorstellen, die Heimat hinter dir zu lassen und ein komplett neues Leben in einem fremden Land zu beginnen?
hinter sich lassen • komplett

735
상상하다
너는 고국을 떠나서 낯선 나라에서 완전히 새로운 삶을 시작하는 것을 상상할 수 있어?

두고 오다 • 완전한

736 ● ● ●
die **Vorstellung** (-en)
Die Vorstellung allein löst in mir ein angenehmes Kribbeln aus.
das Kribbeln • auslösen

736
상상
그 상상만으로도 나는 기분 좋은 떨림을 느껴.

흥분, 안달, 간질간질함 • 작동시키다, 불러일으키다

737 ● ● ●
enttäuschen
Der Sohn enttäuschte seinen Vater zutiefst, indem er sich mit Drogenschmuggel strafbar machte.
zutiefst • der Schmuggel

737
실망시키다
그 아들은 마약밀수 범죄를 저질러 그의 아버지를 아주 깊게 실망 시켰다.

아주 깊게 • 밀수

738 ● ● ●
die **Enttäuschung** (-en) (meist Sg.)
Man konnte ihm die Enttäuschung an seinem Gesicht ablesen.
ablesen

738
실망
그의 얼굴에 나타난 실망을 읽을 수 있었다.

읽다, 알아내다

739

hoffen
Ich hoffe nur, dass es in der Zukunft besser wird.

739

희망하다
난 미래에 더 나아지기를 바랄 뿐이야.

740

hoffentlich
Hoffentlich können wir uns bald eine neue Wohnung leisten.
sich leisten können

740

바라건대
바라건대 우리는 곧 새로운 집을 구할 형편이 될 거야.
(~을 살) 형편이 되다

741

die **Hoffnung** (-en) (meist Sg.)
Die Hoffnung stirbt zuletzt.
zuletzt

741

희망
희망은 마지막에 죽는다(희망은 영원하다).
마지막에

742

sich Hoffnungen machen
Eintracht Frankfurt macht sich Hoffnungen auf einen Ligaaufstieg.
Eintracht Frankfurt • der Ligaaufstieg

742

희망을 품다
프랑크푸르트 Eintracht 팀은 리그 승격에 대한 희망을 품는다.
프랑크푸르트 축구팀의 이름 • 리그 승격

743

glauben (+ etwas)
Ich glaube meiner Kollegin kein Wort, weil sie schon so oft gelogen hat.

743

(~를) 믿다
나는 내 동료가 이미 너무 자주 거짓말을 했기 때문에 그녀의 어떤 말도 믿지 않는다.

744
glauben (an + Akk.)
Meine Kollegin glaubt an den Weihnachtsmann, obwohl sie 33 Jahre alt ist.

der Weihnachtsmann

744
(~를) 믿다
나의 동료는 33살임에도 불구하고 산타클로스를 믿어.

산타클로스

745
der Glaube (nur Sg.)
Er lebt in dem Glauben, dass irgendwann alles besser wird.

745
믿음
걔는 언젠가 모든 게 더 좋아질 것이라는 믿음 속에서 살아.

746
wiedererkennen
Als der Sohn nach dem Krieg nach Hause kam, erkannte ihn die Mutter von Weitem zuerst nicht wieder.

von Weitem

746
알아보다
전쟁이 끝나고 아들이 집에 왔을 때, 어머니는 처음엔 그를 멀리서 알아보지 못했다.

멀리서부터

747
wiederfinden
Die Mutter nahm ihren wiedergefundenen Sohn lange in den Arm.

in den Arm nehmen

747
되찾다
그 어머니는 되찾은 아들을 오랫동안 안았다.

안다

Zukunft 미래

연습문제　　**Erfahrungen im Leben**　　인생의 경험

1　Ergänze die Sätze mit dem passenden Wort.

ⓐ verwirren oder verwechseln?
　① Die Erklärung war so kompliziert, dass ich am Ende total ＿＿＿＿ war.
　② Ich ＿＿＿＿ immer die Wörter „erzählen" und „erklären" Ich kann mir einfach nicht merken, wann man welches Wort benutzt.

ⓑ vertrauen oder glauben?
　① Nach der Affäre meines Mannes konnte ich ihm ganz lange nicht ＿＿＿＿. Nur 2 Jahre Paartherapie konnten die Beziehung retten.
　② Als ich gestern mit meinem Kollegen gesprochen habe, hat er mir erzählt, dass er früher als Model in Paris gearbeitet hat. Ich konnte ihm einfach nicht ＿＿＿＿. Er sieht überhaupt nicht wie ein Model aus.

ⓒ belügen oder betrügen?
　① Warum ＿＿＿＿ Politiker das Volk? -- Weil die Leute die Wahrheit nicht hören wollen.
　② Damit Sie beim Kauf eines gebrauchten Elektrogeräts nicht ＿＿＿＿ werden, sollten Sie sich vorher über den Verkäufer informieren.

ⓓ erkennen oder wiedererkennen?
　① Gestern beim Warten an der Supermarktkasse war vor mir eine Frau, die eine dicke Mütze und eine Brille getragen hat. Ich hatte so ein Gefühl, dass ich sie schon mal gesehen hatte, aber ich war mir nicht sicher. Als die Frau mit dem Bezahlen fertig war, hat sie mich gesehen und überrascht meinen Namen gesagt. Das war die Sabine, mit der ich im gleichen Büro sitze, aber in dem Outfit habe ich sie einfach nicht ＿＿＿＿.
　② Auf meinem letzten Klassentreffen habe ich den Peter wiedergesehen, aber - ganz im Ernst - niemand hat ihn ＿＿＿＿, weil er sich richtig stark verändert hatte. Früher war er vom Körperbau her sehr schmal, aber auf dem Klassentreffen war er ein richtiger Schrank mit seinen Muskeln.

ⓔ sich verändern oder sich entwickeln?
  ① Obwohl ich 20 Jahre im Ausland gelebt habe, hat sich meine Heimatstadt ka um _____. Fast alles sah noch genauso aus wie früher. Nur ein Haus stand nicht mehr, weil es vor 10 Jahren abgebrannt war.
  ② Die Wirtschaft hat sich in den letzten Jahren sehr gut _____.

die Therapie 치료, 치료법 • retten 구하다, 구출하다 • gebraucht 사용된, 중고의 • das Elektrogerät 전자기기 • überrascht 놀란, 놀라운 • das Klassentreffen 동창회 • der Körperbau 체격, 골격 • abbrennen 태워버리다, 전소시키다 • die Wirtschaft 경제

2 Ordne die Wörter der passenden Definition zu.

Erwartung   Hindernis   Hoffnung   Konflikt
Unterschied   Schuld   Schwierigkeiten   Ziel

ⓐ _____ : Wenn man dafür verantwortlich ist, dass man etwas Unmoralisches gemacht hat oder einen Fehler begangen hat.
ⓑ _____ : Ein Ort, den man durch Bewegen erreichen möchte, oder ein Ergebnis, das man durch Arbeit erreichen möchte.
ⓒ _____ : Die Tatsache, dass zwei oder mehrere Sachen nicht gleich sind.
ⓓ _____ : Der Zustand, dass es ein Problem gibt, weil Meinungen oder Interessen nicht gleich sind.
ⓔ _____ : Etwas, das es schwierig macht, weiterzukommen.
ⓕ _____ : Es gibt eine Situation, in der etwas nicht so funktioniert, wie man es gerne hätte.
ⓖ _____ : Der Glaube, dass es in der Zukunft eine positive Veränderung gibt oder dass etwas Positives passiert.
ⓗ _____ : Der Gedanke, dass in der Zukunft wahrscheinlich etwas passieren wird.

unmoralisch 부도덕한 • die Tatsache 진실, 사실 • der Zustand 상태

Erfahrungen im Leben   인생의 경험

3 **Hör dir den Dialog an und entscheide, ob die Aussagen richtig (O) oder falsch (X) sind.**

ⓐ Der Sohn der Schmidts wurde von der Polizei festgenommen.

ⓑ Der Junge hat den Schmuck seiner Mathelehrerin gestohlen, als sie auf der Arbeit war.

ⓒ Die Mathelehrerin hat den Jungen beim Tragen des Schmucks erwischt.

ⓓ Ulrike denkt, dass der Junge dumm ist.

4 Lies dir den Text durch und beantworte die Fragen.

Elisabeths Geheimnis

Liebes Tagebuch,

ich glaube, meine Kollegin, die Elisabeth, hat ein Geheimnis. Ob ich Beweise habe, liebes Tagebuch? Beweise habe ich keine, aber es gibt Indizien. Gestern zum Beispiel ist sie mit ihrem Handy aus dem Büro gegangen und ist erst nach 15 Minuten wiedergekommen. Beim Verlassen des Büros hat sie die Tür geschlossen, deshalb konnte ich nicht sehen, wohin sie gegangen ist. Ist sie rauf aufs Dach gegangen? Oder runter in den dritten Stock? Ich denke, es war das Dach, denn, liebes Tagebuch, vor einer Woche habe ich sie einmal auf dem Dach beim Telefonieren erwischt. Als ich die Tür geöffnet habe, hat sie ganz schnell aufgelegt und ist zurück ins Büro gegangen. Das bedeutet doch, dass sie etwas verheimlicht, liebes Tagebuch!

Als ich letztens in der Stadt spazieren war, habe ich gesehen, wie sie mit Sonnenbrille, Maske und großem Hut bekleidet von der U-Bahn-Station nach Hause gelaufen ist. Man konnte sie kaum erkennen, aber ich habe ihre Ohrringe gesehen und wusste deshalb ganz genau, wer sich da verkleidet hatte. Warum hat sie eine Sonnenbrille getragen? Es ist Winter; es gibt keinen Grund für eine Sonnenbrille.

Und dann gab es noch eine Situation vor zwei Wochen, als ich abends auf dem Weg zurück von der Arbeit war. Normalerweise gehen wir beide zusammen nach Hause, liebes Tagebuch, aber an dem Abend hat sie mir gesagt, dass sie nicht zu Fuß gehen will, sondern die U-Bahn nehmen will. Und dann habe ich sie in der Nähe der Station in einem Handy-Geschäft gesehen. Sie hat sehr viel gelächelt, während sie mit dem Verkäufer gesprochen hat. War das Flirten? Hat sie etwa eine Affäre?!

Liebes Tagebuch, ich werde die Augen offen halten und dir bald wieder schreiben, wenn ich mehr weiß.

ⓐ Wie hat Elisabeth reagiert, als Samuel sie auf dem Dach beim Telefonieren erwischt hat?

ⓑ Woher wusste Samuel, dass die verkleidete Frau Elisabeth ist?

ⓒ Was hat Samuel vor zwei Wochen gesehen?

der Beweis 증거, 증명 • das Indiz 정황 증거, 간접 증거 • verlassen 떠나다 • das Dach 지붕 • bekleidet (옷을) 입은 • sonst 그 외에 • flirten 유혹하다 • die Affäre 바람 • die Augen offen halten 주시하다, 빈틈없이 살피다

Beziehungen
관계

Beziehung	관계
748 ●●● die **Ehe** (-n) Die Ehe ist eine vertragliche Beziehung zwischen zwei oder mehreren Partnern. vertraglich	748 부부, 혼인 혼인이란 둘 혹은 이상의 파트너들 간 계약적 관계이다. 계약상의
749 ●●● **heiraten** In Deutschland kann man nur einen Partner oder eine Partnerin heiraten.	749 결혼하다 독일에서는 오직 한 명의 파트너와 결혼할 수 있다.
750 ●●● die **Scheidung** (-en) Eine Scheidung beendet eine Ehe.	750 이혼 이혼은 혼인관계를 끝내는 것이다.
751 ●●● **sich scheiden lassen** Circa die Hälfte aller Paare lässt sich scheiden. das Paar	751 이혼하다 모든 부부의 약 절반은 이혼한다. 짝, 부부

752
die Kernfamilie (-n)
Die Kernfamilie besteht normalerweise aus 2 Generationen, den Eltern und Kindern.
bestehen aus Dat.

752
핵가족
핵가족은 보통 부모와 아이 두 세대로 이루어져 있다.
~로 구성되어 있다

753
der/die Verwandte (-n)
Meine Familie ist nicht besonders groß, daher habe ich auch nicht viele Verwandte.

753
친척
나의 가족은 그렇게 수가 많지 않아서 나는 친척도 많지 않아.

754
verwandt
Meine Tante Aurora ist nicht wirklich mit mir verwandt, aber ich sehe sie öfter als meine echte Tante.

754
동족의, 혈연의, 친척의
나의 이모 Aurora는 나와 진짜 친척이 아니지만 나는 그녀를 나의 진짜 이모보다 더 자주 봐.

755
entfernt
Ich bin weit entfernt mit den Habsburgern verwandt.

755
떨어진, 먼
나는 합스부르크 가문과 먼 친척 관계야.

756
die Verwandtschaft (-en)
In meiner Verwandtschaft streiten sich alle nur, deshalb gibt es keine Familientreffen.
das Familientreffen

756
친척관계
나의 친척들 모두 싸우기만 해서 가족 모임을 하지 않아.
가족 모임

757

der/die Angehörige (-n)
Die Angehörigen haben sich auf die große Hochzeit gefreut.

757

친척, 일족
그 일족은 성대한 결혼식을 기대했다.

758

der/die Alleinerziehende (-n)
Als Alleinerziehende hat man es trotz finanzieller Unterstützungen nicht leicht.

758

한부모, 홀로 아이를 키우는 사람
경제적인 지원이 있음에도 한부모는 쉽지 않다.

759

erziehen
Ich bin mir nicht sicher, ob ich Kinder gut erziehen kann.

759

교육하다, 양육하다
나는 내가 아이를 잘 키울 수 있는지 확신이 없어.

760

die Erziehung (-en) (meist Sg.)
Ich frage mich immer wieder, ob es die richtige Erziehung überhaupt gibt.

760

교육, 양육
나는 올바른 교육이라는 것이 존재하는지 항상 다시 자문해 본다.

761

großziehen
Meine beste Freundin wurde von ihren Großeltern großgezogen.

761

육성하다, 양육하다
나의 제일 친한 친구는 조부모님에 의해 키워졌어.

762

erwachsen werden
Als Kind wollte ich schnell erwachsen werden, jetzt möchte ich wieder ein Kind sein.

762

자라다, 어른이 되다
어렸을 땐 나는 항상 빨리 어른이 되고 싶었는데 지금은 다시 아이이고 싶어.

763

der **Freundeskreis** (-e)
Deutsche haben im Durchschnitt einen Freundeskreis mit sechs Freunden.

763

교우 범위, 교우 관계
독일 사람들은 평균적으로 6명의 친구로 이루어진 교우 관계를 가지고 있다.

764

die **Freundschaft** (-en)
Eine Freundschaft ist wie eine Liebesbeziehung und man muss Zeit und Arbeit investieren.
investieren

764

우정, 친구 관계
우정은 마치 연애 관계와 같은 것이라 시간과 수고를 들여야 해.
투자하다

765

sich anfreunden (mit Dat.)
Ich habe mich schon mit ein paar Deutschen angefreundet.

765

(~와) 친해지다
나는 벌써 몇몇 독일 사람들과 친해졌어.

766

befreundet
Ich bin mit meiner besten Freundin aus dem Kindergarten immer noch befreundet.

766

친한, 친밀한
나는 유치원 때의 제일 친한 친구와 아직까지 친해.

767

sich nah stehen

Meine Familie steht sich sehr nah, deswegen kann ich nicht im Ausland leben.

767

친하다, 친밀하다

나의 가족은 아주 친밀하기 때문에 나는 외국에서 살 수 없어.

768

gute Chemie haben

Mit dem Typen, den ich letzte Woche getroffen habe, habe ich richtig gute Chemie.

768

합이 잘 맞다

내가 지난주에 만났던 녀석과 나는 아주 합이 잘 맞아.

769

miteinander auskommen

Ich und meine Kollegen kommen gut miteinander aus, aber wir sind keine Freunde.

769

서로 잘 지내다

나와 나의 동료들은 서로 사이가 좋지만 친구사이는 아니야.

770

das **Verhältnis** (-se)

Ich bin mir nicht sicher, in welchem Verhältnis die beiden zueinander stehen.

zueinander stehen

770

관계, 사이

나는 그 둘이 어떤 사이인지 확신이 없어.

(~한 관계에) 있다

771

ein gutes Verhältnis haben

Ich denke allerdings, dass sie ein gutes Verhältnis haben.

771

좋은 관계를 가지다, 좋은 사이다

물론 나는 그들이 아주 좋은 사이라고 생각해.

772 ● ● ●

gut kennen
Ich kenne meine Kollegen noch nicht sehr gut.

772

잘 알다
나는 나의 동료들을 아직 잘 알지 못해.

773 ● ● ●

nicht leiden können
Den einen Kumpel meines Freundes kann ich gar nicht leiden.
der Kumpel (ugs.)

773

못 견디다, 싫어하다
나는 내 친구의 한 친구가 정말 싫어.

친구

774 ● ● ●

etwas gegen jmdn. haben
Ich denke, die Welt hat etwas gegen mich.

774

반대하다, 꺼리다
내가 생각하기에 세상이 나를 꺼리는 것 같아.

775 ● ● ●

getrennt leben
Meine Eltern leben seit drei Jahren getrennt.

775

떨어져 살다, 별거하여 살다
나의 부모님은 3년 전부터 별거 중이다.

776 ● ● ●

die Beziehung beenden
Sie haben gemeinsam die Beziehung beendet, weil sie sich nicht mehr lieben.

776

관계를 끝내다, 헤어지다
그들은 서로 헤어졌는데, 왜냐하면 그들이 더 이상 서로를 사랑하지 않기 때문이야.

777 ● ● ●

in einer Beziehung sein
Ich bin in einer Beziehung mit meinem besten Freund.

777

사귀다
나는 나의 제일 친한 친구와 사귀고 있어.

778 ● ● ●

vertrauen
Ich vertraue dir voll und ganz.

voll und ganz

778

신뢰하다, 믿다
나는 너를 전적으로 신뢰해.

전적으로

779 ● ● ●

das Vertrauen
Nachdem sie ihn betrogen hatte, war sein Vertrauen in sie verschwunden.

betrügen

779

신뢰, 신용
걔가 그를 속인 이후로, 걔에 대한 그의 신뢰는 사라졌어.

속이다, 배반하다

780 ● ● ●

umgehen
Mit solchen Menschen kann ich nicht gut umgehen.

780

대하다, 소통하다
그런 사람들과는 나는 잘 소통하지 못해.

781 ● ● ●

der Umgang (nur Sg.)
Er lebt alleine und hat mit niemandem Umgang.

781

교류, 사귐
걔는 혼자 살고 있고 누구와도 만나지 않아.

782

die **Rücksicht** (meist Sg.)
Ich hätte mir mehr Rücksicht für meine Situation erwartet.

782

사려, 배려, 존중
나는 내 상황에 대한 더 많은 배려를 기대했던 거 같아.

783

Rücksicht nehmen (auf Akk.)
Wir sollten mehr Rücksicht auf unsere Mitmenschen nehmen.
der Mitmensch (-en) (meist Pl.)

783

(~을) 배려하다, 아끼다, 존중하다
우리는 이웃들에게 더 많은 배려를 가지는 게 좋겠어.
이웃

784

sorgen (für Akk.)
Ich werde dafür sorgen, dass dir nichts passieren wird.

784

(~을) 돌보다, 보살피다
나는 너에게 아무것도 일어나지 않게 신경 쓸 거야.

785

sich sorgen (um Akk.)
Meine Mutter sorgt sich immer unnötig um mich.

785

(~을) 걱정하다, 근심하다
나의 어머니는 항상 불필요하게 나를 걱정해.

786

sich kümmern (um Akk.)
Mein Vater muss sich um meine Großeltern kümmern, weil sie schon sehr alt sind.

786

(~을) 돌보다, 보살피다
나의 아버지는 항상 나의 조부모님을 돌보셔야 하는데, 왜냐하면 그들이 아주 나이가 많기 때문이야.

787 ● ● ●

gemeinsam

Wir leben mit unseren Großeltern gemeinsam in einem Haus.

787

공동의, 공유의, 상호의

우리는 우리의 조부모님과 함께 한 집에서 살아.

788 ● ● ●

die **Gemeinschaft** (-en)

Ich lebe in einer Wohngemeinschaft mit meinen Freunden.

788

공동체, 집단, 커뮤니티

나는 주거공동체에서 나의 친구들과 함께 살아.

789 ● ● ●

kompliziert

Die Beziehung zwischen meinem Papa und meinem Stiefvater ist kompliziert.

789

복잡한

나의 아빠와 나의 새아버지 사이의 관계는 복잡해.

Charakter	성격

790 ● ● ●

der **Charakter** (-e) (meist Sg.)

Ich suche nach einer Partnerin mit einem starken Charakter.

790

성격, 특성

나는 센 성격을 가진 파트너를 찾고 있어.

791 ● ● ●

bekannt

John ist in der ganzen Sprachschule bekannt.

791

알려진, 유명한

John은 어학원 전체에서 유명하다.

792

schüchtern
Manche Lernenden sind zu schüchtern, um Deutsch zu sprechen.

792

수줍어하는, 소심한
여러 학생들은 독일어를 말하는데 너무 부끄러워한다.

793

populär
Der populäre Sänger kann nicht nur gut singen, er hat auch einen guten Charakter.

793

대중적인, 인기 있는
그 인기 있는 가수는 노래를 잘할 뿐만 아니라 좋은 성격 또한 가지고 있어.

794

nervös
Vor meiner Präsentation war ich sehr nervös, aber nach der ersten Minute ging es.

794

초초한, 신경질적인
나는 발표하기 전에 매우 긴장했지만 금세 괜찮아졌다.

795

introvertiert
Da ich introvertiert bin, gehe ich nicht gerne auf Partys.

795

내향적인
나는 내향적이기 때문에 파티에 가는 것을 즐기지 않아.

796

extrovertiert
Als Lehrer muss man extrovertiert sein, weil man täglich mit vielen Menschen sprechen muss.

796

외향적인
선생님은 매일 많은 사람과 이야기해야 하기 때문에 외향적이어야만 한다.

797

arrogant
Wenn ich nicht gestört werden möchte, setze ich einfach eine arrogante Miene auf.
eine Miene aufsetzen

797

오만한, 건방진
내가 방해받고 싶지 않을 때 나는 그냥 건방진 표정을 지어.
표정을 짓다

798

die Intelligenz (-en) (meist Sg.)
Menschen mit hoher Intelligenz haben oft Probleme, ihre Gefühle auszudrücken.
ausdrücken

798

지능
높은 지능을 가진 사람들은 종종 감정을 표현하는 데 문제가 있다.
표현하다

799

charmant
Der Barista im Café nebenan ist immer sehr charmant.

799

매력적인, 상냥한
옆 카페의 바리스타는 항상 아주 매력적이야.

800

lieb
Meine Schwester hat ein sehr liebes, kleines Hündchen.

800

사랑스러운
나의 여동생은 아주 사랑스럽고 작은 강아지를 한 마리 가지고 있어.

801

beleidigen
Ich lasse mich doch nicht von dir so beleidigen.

801

모욕하다, 불쾌감을 주다
네가 날 그렇게 모욕하게 두지 않을 거야.

802
beleidigend
Obwohl seine Worte sehr beleidigend waren, hat er sich nicht entschuldigt.
sich entschuldigen

802
모욕적인
걔의 말이 아주 모욕적이었음에도 불구하고 걔는 사과하지 않았어.
사과하다

803
ordentlich
Meine Mitbewohnerin ist sehr ordentlich, aber ich bin ein wenig faul.

803
정돈된, 단정한, 질서 있는
나의 동거인은 아주 깔끔하지만 나는 약간 게을러.

804
passiv
Ich bin im Unterricht meist sehr passiv, sprich, ich antworte auf Fragen, aber ich melde mich nicht selbst.
sich melden

804
수동적인, 소극적인
나는 수업에서 대개 매우 수동적이야. 그러니까 나는 질문에는 대답하지만 나 스스로는 손을 들지는 않아.
신고하다, 지원하다

805
aktiv
Mein Bruder ist den ganzen Tag aktiv und läuft ständig herum.
herumlaufen

805
적극적인, 활발한
나의 남동생은 하루 종일 활발하고 끊임없이 돌아다녀.
돌아다니다

806
athletisch
Sein Körper sieht sehr athletisch aus, daher muss er sehr sportlich sein.

806
건장한, 잘 단련된
걔의 몸은 아주 잘 단련되어 있는 것처럼 보여. 그래서 걔는 꽤 스포츠를 하는 사람임이 틀림없어.

807 ● ● ●
geduldig
Mein Papa hat früher immer geduldig mit mir Mathe gelernt.

807
인내하는, 참을성이 강한
나의 아빠는 항상 인내심 있게 내게 수학을 가르쳐주셨어.

808 ● ● ●
der Humor (-e) (meist Sg.)
Wenn man den Humor einer Kultur versteht, hat man sich wirklich gut angepasst.
sich anpassen

808
유머
한 문화의 유머를 이해한다는 건, 정말 잘 (그 문화에) 적응했다는 거지.
적응하다

809 ● ● ●
humorvoll
Die Frau, die ich gestern in der Bar getroffen habe, ist sehr humorvoll.

809
유머가 풍부한, 익살맞은
내가 어제 바에서 만났던 그 여자는 아주 유머가 풍부해.

810 ● ● ●
komisch
Sie hat die komischsten Witze erzählt und hat immer herzerwärmend gelacht.

810
우스운, 이상한
걔는 우스운 농담을 던지면서 항상 정겹게 웃었어.

811 ● ● ●
merkwürdig
Mein Kumpel fand sie ein bisschen merkwürdig und hat uns alleine gelassen.

811
기억할 만한, 특이한
나의 친구는 걔를 좀 특이하다고 생각했고 우리만 내버려 뒀어.

812 ● ● ●
seltsam
In diesem Moment fand ich ihn einfach sehr seltsam.

812
독특한, 특이한
이 순간 나는 걔가 그저 아주 특이하다고 생각했어.

813 ● ● ●
neugierig
Normalerweise ist mein Kumpel neugierig und möchte alle Menschen kennenlernen.

813
호기심 있는
보통 나의 친구는 호기심 있고 모든 사람들을 알고 싶어 해.

814 ● ● ●
optimistisch
Aber ich versuche, die Sache optimistisch anzugehen.

814
낙관적인, 낙천적인
그러나 나는 상황을 낙천적으로 해결하려고 노력하지.

815 ● ● ●
pessimistisch
Zuvor hatte ich schon so lange nicht mehr mit einer Frau gesprochen, dass ich schon ganz pessimistisch wurde.

815
염세적인, 비관적인
나는 이전에 이미 너무 오랫동안 여자와 말을 하지 않아서 완전히 비관적이게 되었어.

816 ● ● ●
melancholisch
Meine Mutter meinte bei meinem letzten Besuch, dass ich ganz melancholische Augen hatte.

816
우울한
나의 어머니는 내가 최근 방문했을 때, 내가 아주 우울한 눈을 하고 있었다고 말했어.

817 ● ● ●
pünktlich
Albrecht ist immer überpünktlich im Unterricht, sprich, er kommt zu früh.
überpünktlich

817
시간을 엄수하는, 정시의
Albrecht는 항상 수업 시간을 엄수해, 그러니까 걔는 너무 일찍 와.
시간을 매우 엄수하는

818 ● ● ●
anwesend
Er hat noch nie gefehlt und war immer anwesend.

818
출석한
걔는 아직 한 번도 빠진 적이 없고 항상 출석했어.

819 ● ● ●
abwesend
Nicht einmal als fast alle anderen krank waren, war Albrecht abwesend.

819
결석한, 부재중의
거의 모든 다른 이들이 아팠을 때도 한 번도 Albrecht는 결석하지 않았어.

820 ● ● ●
erfolgreich
Und bald wird Albrecht seinen Kurs erfolgreich beenden.

820
효과 있는, 성공적인
그리고 곧 Albrecht는 수업을 성공적으로 끝마칠 거야.

821 ● ● ●
geheimnisvoll
Nadine ist erst seit gestern in unserer Klasse und sie ist geheimnisvoll.

821
은밀한, 비밀이 많은
Nadine은 어제부터 비로소 우리 반에 왔어. 그리고 걔는 신비에 싸여있지.

822 ● ● ●
musikalisch
Weil sie immer zu einem Rhythmus klopft, muss sie musikalisch sein.
der Rhythmus • klopfen

822
음악의, 음악적인
걔는 항상 리듬에 맞춰 두드리기 때문에 음악에 재능이 있음이 분명해.
리듬 • 두들기다

823 ● ● ●
mutig
Zudem muss Nadine mutig sein, weil sie gestern einfach mitten im Unterricht gegangen ist.

823
용기 있는, 대담한
그 외에 Nadine은 용기가 있는 게 분명해. 왜냐하면 걔는 어제 수업 중간에 그냥 가버렸기 때문이야.

824 ● ● ●
vorsichtig
Aber weil sie niemandem vertraut, muss sie auch sehr vorsichtig sein.

824
조심스러운, 주의 깊은
그러나 걔는 아무도 신뢰하지 않기에, 걔는 또한 매우 조심스러운 사람인게 분명해.

825 ● ● ●
typisch
Aber Albrecht ist ein typischer Egoist, weil ihn das alles nicht interessiert.
der Egoist

825
전형적인, 특유의
하지만 Albrecht는 이 모든 것에 흥미가 없기에 아주 전형적인 이기주의자야.
이기주의자

826 ● ● ●
entschlossen
Sein entschlossener Charakter hat ihn schon sehr weit gebracht.
weit bringen

826
확고한, 단호한
걔의 단호한 성격이 걔를 정말로 출세하게 만들었어.
성공이나 출세로 이끌다

Emotion	감정

827 ●●●

die **Emotion** (-en)

Ein Mensch hat viele Emotionen, die meisten können allerdings nur wenige Emotionen unterscheiden.

827

감정

인간은 많은 감정을 가지고 있지만 그 대부분은 오직 몇 가지의 감정만 구분할 수 있다.

---

828 ●●●

die **Laune** (-n)

Im Gegensatz zu einer Emotion sind Launen keine Reaktion, sondern ein Gemütszustand.
in Gegensatz zu Dat.

828

기분

감정과 달리 기분은 반응이 아니라 마음의 상태이다.
~와 달리, ~와 반대로

---

829 ●●●

die **Stimmung** (-en)

Die Stimmung ist auch ein Gemütszustand, aber es bezieht sich meist auf eine Gruppe.
sich beziehen auf Akk.

829

기분, 감정 상태, 분위기

분위기 역시 마음의 상태이지만 그것은 보통 단체와 관련이 있다.
~와 관계가 있다

---

830 ●●●

die **Stimmungsschwankung** (-en) (meist Pl.)

Seit meine Frau schwanger ist, hat sie immer wieder Stimmungsschwankungen.

830

기분의 변화

나의 아내가 임신한 이후로는 끊임없이 기분이 변해.

---

831 ●●●

gut gelaunt sein

Heute bin ich gut gelaunt, obwohl ich heute nur schwer aus dem Bett gekommen bin.

831

기분이 좋다

난 오늘 겨우 침대에서 나왔지만, 오늘 나 기분이 좋아.

832 ●●●
schlecht gelaunt sein
Ich bin schon die ganze Woche schlecht gelaunt, weil es regnet.

832
기분이 나쁘다
비가 와서 나는 이번 주 내내 기분이 안 좋아.

833 ●●●
begeistert
Warst du nicht einmal ein begeisterter Fußballfan?

833
열정적인, 영감을 받은
너 열정적인 축구팬이었던 적 없어?

834 ●●●
deprimiert
Der Tod meines Lieblingsschauspielers macht mich echt deprimiert.

834
풀이 죽은, 의기소침한
내가 가장 좋아하는 배우의 죽음이 날 정말 의기소침하게 해.

835 ●●●
depressiv
Schön langsam muss ich aus dieser depressiven Stimmung ausbrechen.

ausbrechen aus Dat.

835
우울한
나는 이러한 우울한 기분에서 아주 천천히 벗어나야만 해.

~에서 벗어나다

836 ●●●
einsam
Manchmal fühle ich mich einsam, auch wenn jemand neben mir ist.

836
외로운, 고독한
가끔 나는 내 주변에 누군가가 있음에도 불구하고 외로움을 느껴.

837
erleichtert
Ich bin erleichtert, dass sich das Missverständnis aufgeklärt hat.

aufklären

837
가벼워진, 홀가분해진
나는 오해가 풀려서 아주 홀가분해.

해명하다

838
bedrückt
Nach dem Streit war die Stimmung auf der Party sehr bedrückt.

838
답답한, 우울한
싸움 후에 파티의 분위기는 매우 우울했다.

839
furchtbar
Ich habe mich furchtbar gefühlt, als ich die Tränen meiner Ex-Freundin sah.

die Träne

839
두려운, 무서운
나의 예전 여자친구의 눈물을 보았을 때, 나는 두려움을 느꼈어.

눈물

840
hoffnungsvoll
Die meisten Kinder blicken noch hoffnungsvoll in die Zukunft, aber bei Jugendlichen sieht die Sache anders aus.

840
희망에 찬
대부분의 아이들은 여전히 미래를 희망에 가득 차 바라보지만, 청소년들의 경우 이를 다르게 본다.

841
enttäuscht
Jugendliche sind meist schon von sich selbst und der Umwelt enttäuscht, bevor sie die Schule abschließen.

841
실망한
청소년들은 대개 학교를 졸업하기 전에는 자기 자신과 환경에 대해 실망하고 있다.

842

zerstört
Viele von ihnen tragen zerstörte Kinderträume mit sich.

842

파괴된, 망쳐진
그들 중 많은 수가 파괴되어 버린 어린 시절의 꿈을 지니고 있다.

843

froh
Als Elternteil kann man froh sein, wenn Jugendliche sich überhaupt einem Hobby widmen.

sich widmen

843

기뻐하는
청소년들이 취미에 전적으로 전념하고 있다면 부모로서는 기뻐할 수 있을 것이다.

몰두하다, 전념하다

844

vergnügt
Wenn das Kind vergnügt Computerspiele spielt, dann ist das auch gut.

844

즐거운, 만족하는
아이가 즐겁게 컴퓨터 게임을 하면 그걸로도 좋다.

845

sich vergnügen
Jugendliche sollen sich vergnügen.

845

즐거워하다
청소년들은 즐거워야 한다.

846

wunderbar
Dafür ist die wunderbare Jugend doch da.

846

놀라운, 멋진
이를 위해 이 멋진 청춘이 존재하는 것이다.

847

lebendig
Meine Oma hat gesagt, mit ihrem neuen Freund fühlt sie sich wieder lebendig.

847

살아있는, 활기 있는
나의 할머니는 그녀의 새로운 남자 친구와 있을 때 다시 살아있음을 느낀다고 말했다.

848

dankbar
Ich bin sehr dankbar für all meine Freunde und meine Familie.

848

감사하고 있는
나는 나의 모든 친구와 가족에게 아주 감사하고 있다.

849

motiviert
Seit ich dieses Buch lese, bin ich zum Lernen motiviert.

849

자극받은, 동기부여를 받은
내가 이 책을 읽은 이후로 나는 배움에 대한 동기부여를 받았다.

850

ruhig
Der Polizist versuchte ruhig zu bleiben, während alle schreiend im Kreis liefen.

850

조용한, 침착한
모두가 소리를 지르고 맴돌며 뛰어다니는 동안, 경찰은 침착하려고 노력했다.

851

eifersüchtig
Als Kind war ich immer auf die langen Haare meiner Schwester eifersüchtig.

851

질투가 심한
내가 어렸을 때 나는 항상 나의 여자 형제의 긴 머리를 질투했어.

852 ●●●
frustriert
Die Mathematikhausaufgaben machen mich frustriert.

852
좌절하는
이 수학 숙제는 나를 좌절하게 한다.

853 ●●●
nachdenklich
Emma ist heute so nachdenklich, dass sie nicht einmal hört, wenn man sie ruft.

853
생각에 잠긴, 숙고하는
Emma는 오늘 생각에 잠겨 누가 불러도 듣지 못한다.

854 ●●●
verloren
Es ist einfach, sich in dieser schnellen Welt verloren zu fühlen.

854
잃은, 상실감의
이 빠른 세상에서 상실감을 느끼기 쉽다.

연습문제 Beziehungen 관계

1 Hör dir den Text an und beantworte die Frage.

Ü-8-1

verwandt sein / sich scheiden lassen / sich sehr nahe stehen / sich nicht leiden können / befreundet sein

Wie stehen diese Personen zueinander?

ⓐ Emilia und Rosalie
ⓑ Rosalie und Oswald
ⓒ Hubert und Emilia
ⓓ Hubert und Regina
ⓔ Luis und Hubert

2 Wähle das passende Wort.

berühmt / erfolgreich / geheimnisvoll / merkwürdig / pessimistisch / entschlossen / humorvoll

Wie kann man diese Personen beschreiben?

ⓐ Person A sitzt meistens alleine und macht die Dinge ein bisschen anders als andere Menschen. Zum Beispiel isst Person A nur die Marmelade vom Brot und wirft das Brot dann weg.

ⓑ Person B hat alles erreicht, was sie sich gewünscht hat. Zudem wurde Person B gerade erst letzte Woche wieder befördert.

ⓒ Person C findet die Welt schrecklich. Heute Morgen war Person C zu spät und den ganzen Tag hat sie gedacht, dass sie Ärger bekommen wird.

ⓓ Person D hat immer gute Laune und ein Lächeln im Gesicht. Sie kann auch andere Menschen im Handumdrehen zum Lachen bringen. Sie ist auch immer die erste, die den Witz versteht.

ⓔ Alle kennen Person E. Egal wohin sie geht, sie braucht ihren Namen nicht zu nennen und alle wissen trotzdem, wer sie ist.
ⓕ Person F spricht nicht viel. Manchmal antwortet sie nicht auf eine Frage, sondern lächelt nur still. Man weiß nicht, was im Kopf von Person F vorgeht.

ⓖ Wenn Person G etwas anfängt, gibt sie nicht auf. Bis jetzt hat sie noch nie ihre Meinung geändert. Und aufgeben kennst Person G sowieso nicht.

3 Wähle das passende Wort.

erleichtert / dankbar / einsam / depressiv / enttäuscht / motiviert / hoffnungsvoll

Wie fühlen sich diese Personen?
ⓐ Person A hatte große Erwartungen für ihren Geburtstag, aber niemand ist zur Party gekommen und der Kuchen ist im Ofen verbrannt.
ⓑ Person B hat gestern ein Buch über Meditation gelesen und jetzt möchte sie auch jeden Tag meditieren.
ⓒ Person C hat sich für ihren Traumjob beworben und denkt, dass sie den Job bekommen wird.
ⓓ Person D war sehr krank, aber der Arzt konnte ihr helfen. Sie ist sehr froh, dass es den Arzt gibt und er ihr geholfen hat.
ⓔ Person E liegt nur im Bett und freut sich über gar nichts. Sie hat den ganzen Tag miese Laune.
ⓕ Person F konnte ihr Kind im Park nicht mehr finden. Zum Glück haben ihr viele Menschen geholfen und Person F konnte ihr Kind wieder finden.

ⓖ Person G hat keine Freunde. Person G verbringt die Mittagspause immer allein, aber sie möchte gerne mit den Kollegen essen.

Umwelt
환경

Klima	기후
855 ●●● **die Natur** (nur Sg.) Die Natur braucht unsere Hilfe für die Regeneration. die Regeneration	855 자연 자연은 회복하는 데 있어 우리의 도움이 필요하다. 재생, 회복
856 ●●● **natürlich** Ich trinke am liebsten natürlichen Eistee ohne künstliche Zusatzstoffe. künstlich • der Zusatzstoff	856 자연의, 자연 그대로의 나는 아무 화학적 추가물이 없는 자연적인 아이스티를 마시는 것을 가장 좋아해. 인공적인 • 추가물
857 ●●● **extrem** Es gibt immer häufiger extremes Wetter.	857 극단적인 점점 극단적인 날씨가 많아지네.
858 ●●● **die Temperatur** (-en) Die Temperaturen sinken in den nächsten Wochen drastisch ab. absinken • drastisch	858 온도, 기온 다음 주에 기온이 대폭 낮아져. 낮아지다 • 급격한

859 ● ● ●

die **Hitze** (nur Sg.)

Die Hitze im Sommer war unerträglich für unseren Hund.

859

더위

여름의 더위는 우리 강아지에게 견디기 어려웠어.

---

860 ● ● ●

die **Kälte** (nur Sg.)

Diesen Winter wird es sibirische Kälte in ganz Deutschland geben.

sibirisch

860

추위

이번 겨울에는 독일 전역에 시베리아 추위가 올 것이다.

시베리아의

---

861 ● ● ●

das **Klima** (nur Sg.)

Das Klima verändert sich rascher als zuerst erwartet.

rasch

861

기후

기후는 처음 예상했던 것보다 더 급격히 바뀌고 있다.

빠른, 급격한

---

862 ● ● ●

die **Katastrophe** (-n)

In den Nachrichten wird von einer Katastrophe in den USA berichtet.

berichten

862

참사

뉴스에 미국의 참사에 대해 보도되고 있다.

보도하다

---

863 ● ● ●

der **Ozean** (-e)

Selbst die Ozeane erhitzen sich und werden zu warm für viele Fischarten.

sich erhitzen

863

대양

대양조차 가열되어 많은 어류들에게는 너무 뜨거워진다.

뜨거워지다

864
pflanzen
Wir müssen mehr tun als nur Bäume zu pflanzen.

864
심다
우리는 단순히 나무를 심는 것 이상의 더 많은 것을 해야만 해.

865
der **Rekord** (-e)
Dieses Jahr übersteigt die Hitze erneut alle Rekorde.
übersteigen

865
기록
올해 더위는 모든 기록을 넘어서고 있어.
능가하다

866
die **Rekordtemperatur** (-en)
In vielen Ländern wurden in den letzten Jahren neue Rekordtemperaturen verzeichnet.
verzeichnen

866
기록적인 온도
지난 몇 년간 많은 나라에서 새로운 기록적인 온도가 기록되었어.
기록하다

867
der **Schatten** (-)
Wer bei solchen Temperaturen auf Abkühlung im Schatten hofft, hofft vergeblich.
die Abkühlung

867
그늘
그런 기온일 때 그늘에서의 시원함을 바라는 사람은 헛된 걸 바라고 있는 거야.
냉각

868
blitzen
Bald wird es ein Gewitter geben, dort blitzt es schon.

868
번개 치다
저기서 이미 번개가 치고 있으니 곧 뇌우가 있을 거야.

869 ● ● ●

der **Blitz** (-e)

Der Blitz hat in den Baum eingeschlagen und einen Waldbrand ausgelöst.

einschlagen • auslösen

869

번개

번개가 나무에 내리치더니 산불을 일으켰다.

(번개가) 내려치다 • 발생시키다

---

870 ● ● ●

donnern

In der Ferne hört man schon donnern.

870

천둥 치다

멀리서 이미 천둥 치는 것이 들린다.

---

871 ● ● ●

der **Donner** (-)

Der laute Donner hat mich aus dem Schlaf gerissen.

reißen

871

천둥

시끄러운 천둥이 나를 잠에서 깨웠다.

잡아당기다, 떼내다

---

872 ● ● ●

das **Gewitter** (-)

Meine Katze versteckt sich bei Gewittern immer, weil sie Angst hat.

872

악천후, 뇌우

나의 고양이는 뇌우가 있을 때면 무서워서 항상 숨는다.

---

873 ● ● ●

der **Sturm** (¨e)

Heute Morgen gab es eine Sturmwarnung, aber ich musste trotzdem zur Uni gehen.

die Warnung

873

폭풍

오늘 아침 폭풍 경보가 있었지만 나는 그럼에도 대학에 갔어야 했어.

경고

874

der **Wirbelsturm** (¨e)
Ein Wirbelsturm ist ein Sturm, der sich dreht.
sich drehen

874

회오리 돌풍
회오리 돌풍이란 회전하는 폭풍을 말한다.
회전하다

875

der **Taifun** (-e)
Taifun nennt man die Wirbelstürme in Asien, die viel Regen mit sich bringen.

875

태풍
태풍은 아시아에서의 회오리 돌풍을 지칭하는 말로, 많은 비를 동반한다.

876

der **Orkan** (-e)
Ein Orkan ist ein großer Wirbelsturm mit Geschwindigkeiten von mehr als 117 km/h.
die Geschwindigkeit

876

유럽폭풍
유럽폭풍은 시속 117킬로미터 이상의 속도로 부는 거센 회오리 돌풍이다.
속도

877

der **Hurrikan** (-e)
Hurrikane entstehen im Nordatlantik und sie haben eine große Zerstörungskraft.
der Atlantik • die Zerstörungskraft

877

허리케인
허리케인은 북대서양에서 발생하고 큰 파괴력을 가지고 있다.
대서양 • 파괴력

878

der **Tornado** (-s)
Ein Tornado ist ein kleinerer Wirbelsturm, der sich auch über Land bilden kann.
das Land

878

토네이도
토네이도는 육지 위에서도 형성될 수 있는 더 작은 회오리 돌풍이다.
육지, 땅

879

die **Regenzeit** (-en)
Einen Zeitraum, in dem es viel regnet, nennt man die Regenzeit.

879

우기
비가 많이 오는 기간을 우기라고 해.

Energie · 에너지

880

die **Energie** (-n) (meist Sg.)
Wir benötigen verschiedene Arten von Energie zum Leben.

880

에너지
우리는 살아가는데 다양한 종류의 에너지가 필요해.

881

das **Kraftwerk** (-e)
Verschiedene Kraftwerke erzeugen auf verschiedene Weise Energie.
erzeugen

881

발전소
다양한 발전소는 다양한 방법으로 에너지를 생산한다.
생산하다

882

die **Krise** (-n)
In einer Krise geht es vielen Menschen sehr schlecht.

882

위기
위기 속에서는 많은 사람이 아주 잘 지내지 못한다.

883

kritisch
In dieser Zeit muss die Regierung die Situation kritisch betrachten.
die Regierung

883

비판적인
이 기간에 정부는 상황을 비판적으로 관찰해야 한다.
정부

884

künstlich
Alles, was nicht direkt aus der Natur kommt, ist künstlich.

884

인위적인, 인조의
자연에서 직접 오지 않은 모든 것들은 인공적이다.

885

der **Kunststoff** (-e)
Kunststoffe sind in unserer heutigen Gesellschaft nicht mehr wegzudenken.

heutig- • die Gesellschaft

885

합성품, (넓은 의미로) 플라스틱
플라스틱은 오늘날 우리 사회에서 더 이상 빼놓고 생각할 수 없어.

오늘의 • 사회

886

das **Plastik** (-s)
Aber der Plastikmüll ist ein großes Problem für unsere Umwelt.

886

플라스틱
그러나 플라스틱 쓰레기는 우리의 환경에 아주 큰 문제야.

887

finanzieren
Es müssen Aufräumarbeiten und Recyclingprojekte finanziert werden.

887

자금을 대다
청소 작업과 재활용 기획은 자금을 지원받아야 해.

888

herstellen
Zudem sollte man, wenn möglich, kein neues Plastik herstellen.

888

제조하다, 생산하다
그 외에도 가능하면 새로운 플라스틱을 생산하지 말아야 해.

889

erneuerbar
Erneuerbare Energiequellen können immer wieder verwendet werden.

889

대체 가능한
대체 가능한 에너지 자원은 거듭 사용될 수 있다.

890

die **Klimaanlage** (-en)
In Deutschland gibt es in den meisten Häusern keine Klimaanlage.

890

에어컨
독일의 대부분의 집에는 에어컨이 없어.

891

die **Heizung** (-en)
Fast jedes Haus in Deutschland hat eine Heizung.

891

난방 장치
독일의 거의 모든 집에는 난방 장치가 있어.

892

die **Recherche** (-n)
Die Recherchen haben ergeben, dass die Situation schlimmer als erwartet ist.
ergeben

892

조사
이 조사는 상황이 기대보다 더 나쁘다는 것을 밝혀냈다.
밝히다, 결과로 내다

893

recherchieren
Ich muss noch sehr viel für meine Masterarbeit recherchieren.

893

조사하다
나는 석사 논문을 위해 아직 훨씬 많이 조사해야만 해.

894
rechtzeitig
Wir müssen rechtzeitig handeln, sonst ist es zu spät.

894
적절한 시기의
우리는 적절한 시기에 행동해야 해. 안 그러면 너무 늦어.

895
reduzieren
Alle müssen versuchen, ihren Energieverbrauch zu reduzieren.
der Energieverbrauch

895
축소하다
모든 이들은 자신의 에너지 소비를 줄이도록 애써야 한다.
에너지 소비

896
der Schaden (¨)
Sonst kann es zu irreversiblen Schäden kommen.
irreversibel

896
손상, 손해
그렇지 않으면 돌이킬 수 없는 손상이 올 수 있다.
돌이킬 수 없는

897
schaden
Zu viel Kohlendioxid und Methan schadet der Umwelt.
das Kohlendioxid • das Methan

897
손상시키다
너무 많은 이산화탄소와 메탄은 환경을 손상시킨다.
이산화탄소 • 메탄

898
schädlich
Künstlicher Dünger kann für das Trinkwasser schädlich sein.
der Dünger

898
유해한, 해로운
인공 비료는 식수에 유해할 수 있다.
비료

899

der **Konsum** (nur Sg.)
Im allgemeinen müssen wir unseren Konsum reduzieren.

899

소비
일반적으로 우리는 우리의 소비를 줄여야만 해.

900

konsumieren
Wir konsumieren zu viel Energie, Rohstoffe und Wasser.
der Rohstoff

900

소비하다
우리는 너무 많은 에너지, 원료 그리고 물을 소비하고 있어.
원료

901

kontrollieren
Man sollte versuchen, sein eigenes Konsumverhalten zu kontrollieren.

901

통제하다, 검사하다
자신의 소비 행위를 통제하려고 노력해야만 해.

902

die **Kontrolle** (-n)
Auch Konzerne sollten sich einer regelmäßigen Kontrolle stellen müssen.
der Konzern • sich stellen Dat.

902

통제, 검사
기업들도 정기적인 통제에 응해야 한다고 봐.
(대)기업 • ~에 응하다

903

der **Abfall** (¨e)
Um den Klimawandel aufzuhalten, müssen die Abfälle reduziert werden.
aufhalten

903

쓰레기
기후변화를 막기 위해서는 쓰레기가 감소되어야만 해.
막다

Energie 에너지

904

das Abgas (-e)

Auch Abgase von Autos oder Fabriken sind zu reduzieren.

904

배기가스

자동차나 공장의 배기가스 역시 감소되어야 해.

905

alternativ

Es muss eine alternative Lösung gefunden werden.

905

대안의

대안적인 해결책을 찾아야 해.

906

der Treibstoff (-e)

Autos und Busse benötigen Treibstoff, um zu fahren.

benötigen

906

연료

자동차와 버스는 운행하기 위해 연료가 필요해.

필요로 하다

907

das Benzin (-e)

Benzin ist ein Beispiel für einen Treibstoff aus Erdöl.

das Erdöl

907

휘발유

휘발유는 석유에서 온 연료의 한 예시이다.

석유

908

der Diesel (-)

Viele Autos fahren mit Diesel oder Benzin.

908

디젤

많은 자동차는 디젤이나 휘발유로 달린다.

909

das Gas (-e)

Ein fossiler Brennstoff ist Gas, das aus dem Boden gewonnen wird.

fossil • der Brennstoff

909

가스

화석 연료는 땅에서 추출되는 가스이다.

화석의 • 연료

910

das Öl (-e)

Das Öl, das zur Energiegewinnung benutzt wird, ist nicht erneuerbar.

910

기름, 오일

에너지 추출을 위해 사용되는 기름은 재생이 불가능해.

911

elektrisch

Um weniger Gas und Öl zu verwenden, setzen viele Menschen auf elektrische Energie.

setzen auf Akk.

911

전기의

가스와 기름을 더 적게 사용하기 위해 많은 사람들이 전기에너지에 투자한다.

~에 투자하다, 후원하다

912

das Elektroauto (-s)

Ein Elektroauto fährt mit elektrischer Energie aus Batterien.

die Batterie

912

전기 자동차

전기 자동차는 배터리에서 나오는 전기 에너지로 움직여.

배터리

913

elektronisch

Mit meiner Bankkarte kann ich elektronisch bezahlen.

913

전자의

나의 은행 카드로 나는 전자 결제를 할 수 있어.

914 ●●●

die **Entwicklung** (-en)
Es gibt viele Entwicklungen im Bereich der Umwelttechnik.

914

발전
환경기술 분야에서 많은 발전이 있다.

---

915 ●●●

der **Fortschritt** (-e)
Nur durch technischen Fortschritt können wir das Klima beeinflussen.
technisch • beeinflussen

915

진보
기술적인 진보를 통해서만 우리는 기후에 영향을 끼칠 수 있다.
기술적인 • 영향을 끼치다

---

916 ●●●

die **Forschung** (-en)
Wissenschaftler betreiben Forschung für eine bessere Zukunft.
betreiben

916

연구
학자들은 더 나은 미래를 위해서 연구에 종사한다.
종사하다

---

917 ●●●

die **Technik** (-en) (meist Sg.)
Mit moderner Technik und alternativen Energiequellen kann weniger CO_2 produziert werden.
produzieren

917

기술
현대 기술과 대체 에너지 자원을 통해서 이산화탄소가 더 적게 생산될 수 있다.
생산하다

---

918 ●●●

die **Technologie** (-en)
Innovative Technologien führen zu besserer Technik und besseren Ergebnissen.
innovativ

918

과학기술
혁신적인 과학기술은 더 나은 기술과 더 나은 결과로 이끈다.
혁신적인

919 ●●●
technisch
Es gibt noch technische Schwierigkeiten mit Elektro-Flugzeugen.

919
기술적인
전기 비행기에는 아직 기술적인 어려움이 있다.

920 ●●●
erforderlich
Neue Regeln für selbstfahrende Autos sind erforderlich.
selbstfahrend

920
필요한, 요구되는
자율주행 자동차에 대한 새로운 규범이 요구된다.
스스로 움직이는

921 ●●●
erfordern
Die Umstellung erfordert viel Zeit und Geld.
die Umstellung

921
필요로 하다, 요구하다
이러한 선환에는 많은 시간과 돈이 요구된다.
전환

922 ●●●
erfüllen
Nicht alle Erwartungen können erfüllt werden.
die Erwartung

922
채우다, 성취하다
모든 기대가 채워질 수는 없다.
기대

Umwelt	환경

923 ●●●
die Umwelt (-en) (meist Sg.)
Die Umwelt ist alles, Tiere, Pflanzen, Seen usw., um uns herum.
usw. (und so weiter)

923
환경
환경은 우리 주변을 둘러싸고 있는 동물, 식물, 바다 등 모든 것이다.
기타, 등등(의 줄임말)

924 ● ● ●

der **Umweltschutz** (nur Sg.)
Umweltschutz bedeutet, unsere Umwelt vor uns selbst zu beschützen.
etw. beschützen vor Dat.

924

환경 보호
환경 보호란 우리의 환경을 우리 자신에게서 지켜주는 것을 의미한다.
~을 ~로부터 보호하다

925 ● ● ●

verschmutzen
Denn wir Menschen verschmutzen die Umwelt am meisten.

925

더럽히다, 오염시키다
왜냐하면 우리 인간이 환경을 제일 오염시키고 있기 때문이다.

926 ● ● ●

die **Umweltverschmutzung** (-en)
Die Umweltverschmutzung ist so schlimm, dass sie auch den Menschen schadet.

926

환경오염
환경오염은 매우 심각하며 심지어 인간에게조차 해를 끼친다.

927 ● ● ●

umweltfreundlich
Alternative Energiequellen werden als umweltfreundlich angesehen.

927

환경 친화적인
대체 에너지 자원은 환경 친화적이라고 여겨진다.

928 ● ● ●

umweltschädlich
Fossile Brennstoffe und ihre Abgase gelten als umweltschädlich.

928

환경 파괴적인
화석 연료와 그로 인한 배기가스는 환경 파괴적인 것으로 간주된다.

929 ● ● ●
der **Staub** (nur Sg.)
In meiner Wohnung gibt es auf den Regalen viel Staub.

929
먼지
나의 집에는 책장 위에 많은 먼지가 쌓여있다.

930 ● ● ●
der **Feinstaub** (nur Sg.)
Feinstaub wird von Fabriken und Autos produziert.

930
미세먼지
미세먼지는 공장과 자동차에서 생산된다.

931 ● ● ●
die **Feinstaubbelastung** (-en)
Die Feinstaubbelastung ist besonders hoch, wenn es lange nicht geregnet hat.

931
미세먼지 농도
미세민지 농노는 오랫농안 비가 오지 않았을 때 특히 높다.

932 ● ● ●
die **Wissenschaft** (-en)
Die Wissenschaft hilft uns, die Welt und uns selbst zu verstehen.

932
학문
학문은 세상과 우리 자신을 이해하는 데 우리에게 도움을 준다.

933 ● ● ●
die **Zukunft** (nur Sg.)
Was in der Zukunft passiert, kann man nicht vorhersagen.
vorhersagen

933
미래
미래에 무슨 일이 일어날지 예측할 수 없다.
예측하다

934

zukünftig
Sicher ist allerdings, dass wir zukünftig mehr Umweltkatastrophen erleben werden.
die Umweltkatastrophe

934

미래의, 장래의
그러나 확실한 것은, 우리가 미래에 더 많은 환경재난을 경험할 것이라는 점이다.
환경 재난

935

unterstützen
In Krisenzeiten muss man sich gegenseitig unterstützen.

935

지원하다, 도와주다
위기 시에는 서로 상호 간 돌봐주어야 한다.

936

die Unterstützung (-en)
In der Klimakrise braucht die Umwelt unsere Unterstützung.

936

지원, 도움
기후 위기 속에서 환경은 우리의 도움을 필요로 한다.

937

sinnvoll
Doch es ist nicht leicht, zu unterscheiden, was sinnvoll ist und was sinnlos ist.

937

중요한, 의미 있는
그러나 무엇이 의미가 있고 무엇이 무의미한지 구분하는 것은 쉽지 않다.

938

sinnlos
Sinnlose Unterstützung bringt im besten Fall nichts und im schlechtesten schadet sie.

938

무의미한, 쓸데없는
무의미한 도움은 최상의 경우에는 아무것도 일어나지 않지만 최악의 경우에는 그것에 해를 끼친다.

939 ● ● ●

verhindern

Vor einigen Jahren dachte man noch daran, den Klimawandel zu verhindern.

939

방해하다, 저지하다

몇 년 전에 기후 변화를 막을 생각을 떠올렸다.

940 ● ● ●

aufhalten

Heutzutage hofft man, den Klimawandel aufhalten zu können.

940

막다

오늘날에는 기후 변화를 막을 수 있기를 희망한다.

941 ● ● ●

stoppen

Für die Umwelt wäre es am besten, alle Kohlekraftwerke sofort zu stoppen.

die Kohle

941

멈추다

환경을 위해서는 석탄 화력 발전소를 곧바로 멈추는 것이 가장 좋을 것 같다.

석탄

942 ● ● ●

vegetarisch

Auch durch eine vegetarische Ernährung kann man die Umwelt schonen.

schonen

942

채식의

또한 채식을 함으로써 환경을 보호할 수 있다.

보호하다

943 ● ● ●

vegan

Jemand, der sich vegan ernährt, isst keine tierischen Produkte.

tierisch

943

(채식) 비건의

비건을 하는 사람은 동물성 제품을 먹지 않는다.

동물의, 동물성의

944 ● ● ●

vermeiden
Aber das Wichtigste ist Konflikte, wie Kriege, zu vermeiden.

944

피하다
하지만 가장 중요한 것은 전쟁과 같은 충돌을 피하는 것이다.

945 ● ● ●

weltweit
Das Umweltproblem ist ein weltweites Problem.

945

전 세계적인
환경 문제는 전 세계적인 문제이다.

946 ● ● ●

wahrscheinlich
Obwohl es ein weltweites Problem ist, werden wahrscheinlich nicht alle zusammenarbeiten.

946

아마도
그것이 전 세계적인 문제임에도 불구하고 아마 모두가 협력하지는 않을 것이다.

947 ● ● ●

Öko-
Eine Partei, die sich für Umweltprobleme einsetzt, nennt man auch Öko-Partei.
sich einsetzen für Akk.

947

생태의
환경 문제에 전력을 다하는 정당을 생태정당이라고도 부른다.
~에 전력을 다하다

948 ● ● ●

ökologisch
Ökologische Landwirtschaft steht für eine Landwirtschaft ohne künstlichen Dünger.
stehen für Akk.

948

생태학적인
생태학적인 농업이란 인공적인 비료를 쓰지 않는 농업을 의미한다.
~을 의미하다, 대변하다, 보증하다

949

der Ökostrom (nur Sg.)
Ökostrom ist Strom, der mit erneuerbaren Energiequellen erzeugt wurde.

949

(신재생 에너지) 청정 전력
청정 전력은 재생 가능한 에너지 자원으로 생산되었던 전기이다.

950

der Experte (-n)
die Expertin (-nen)
Experten sind der Meinung, dass wir noch bis 2030 Zeit haben, klimaneutral zu werden.
klimaneutral

950

전문가

전문가들은 2030년까지는 기후중립을 이룰 시간이 있다고 생각한다.
기후중립의

951

die Studie (-n)
Laut einer Studie zeigen sich die Folgen der Klimaerwärmung schon deutlich.
die Klimaerwärmung

951

연구

한 연구에 따르면 기후 온난화의 결과가 벌써 뚜렷하게 나타나고 있다.
기후 온난화

952

die Statistik (-en)
Zu diesem Thema wurde Abermillionen Daten gesammelt und zahlreiche Statistiken erstellt.
die Abermillionen (nur Pl.) • erstellen

952

통계

이 문제에 관해서 수백만의 데이터가 모였고 수많은 통계가 만들어졌다.
수백만 • 만들어내다

953

theoretisch
Theoretisch ist es möglich, den Klimawandel aufzuhalten, aber praktisch sieht es nicht so gut aus.

953

이론적인, 이론의
이론적으로 기후변화를 멈추는 것은 가능하지만 실제는 그것은 그다지 잘 될 거 같아 보이지 않는다.

954 ●●●

funktionieren

Um den Klimawandel aufzuhalten, müssen alle Vorhaben einwandfrei funktionieren.

einwandfrei

954

기능하다, 작동하다

기후변화를 멈추기 위해서는 모든 계획이 완벽하게 작동해야 한다.

이의가 없는, 완벽한

---

955 ●●●

die **Erfindung** (-en)

Außerdem brauchen wir neue Erfindungen, die das Leben auf einem wärmeren Planeten möglich machen.

955

발명, 고안

그 외에도 우리는 더 더워진 행성에서의 삶을 가능하게 만들 새로운 발명이 필요하다.

---

956 ●●●

erfinden

So müsste man, zum Beispiel, eine umweltfreundliche Klimaanlage erfinden.

956

발명하다, 고안하다

그래서 예를 들면 친환경적인 에어컨 같은 것을 고안해 내야만 할 것 같다.

---

957 ●●●

die **Gefahr** (-en)

Die Menschen sollten sich auch gegen die Gefahren von Naturgewalten schützen.

sich schützen gegen Akk.

957

위험

인간은 자연의 힘의 위험으로부터 스스로를 지켜내야 한다.

~로부터 지키다

---

958 ●●●

gefährlich

Temperaturen von über 30°C können gefährlich für schwache Leute sein.

958

위험한

30도 이상의 온도는 허약한 사람들에게 위험할 수 있다.

959

die **Herausforderung** (-en)

Wir müssen uns den Herausforderungen des Lebens stellen.

959

도전

우리는 삶의 도전과 맞설 수밖에 없다.

960

meistern

Gemeinsam können wir alle Aufgaben meistern.

960

극복하다

우리는 모든 문제를 함께 극복할 수 있다.

961

hinterlassen

Wir können unseren Kindern keine zerstörte Erde hinterlassen.

961

유산으로 남기다

우리는 우리의 아이에게 파괴된 지구를 남겨줄 수 없다.

962

die **Landwirtschaft** (nur Sg.)

Die Landwirtschaft ist eine der wichtigsten Industrien für Menschen.

962

농업

농업은 인간에게 가장 중요한 산업 중 하나이다.

963

die **Möglichkeit** (-en)

Die Landwirtschaft gibt uns die Möglichkeit, im Supermarkt einzukaufen.

963

가능성, 기회

농업은 우리에게 마트에서 장을 볼 수 있는 기회를 준다.

964

die **Nachfrage** (-n) (meist Sg.)
Die erhöhte Nachfrage treibt die Gaspreise in die Höhe.
erhöht • in die Höhe treiben

964

수요
높아진 수요는 가스 가격을 상승시키고 있다.

증가한 • (가격 등을) 높이다

965

notwendig
Der Umweltschutz ist nicht nur gut, er ist notwendig.

965

필수적인
환경 보호는 단순히 좋은 게 아니라 필수적인 것이다.

966

nützlich
Dabei können sämtliche Technologien nützlich sein.
sämtlich

966

유용한
이에 대하여 모든 기술이 유용할 수 있다.
전체의

967

die **Organisation** (-en)
Weltweit setzen sich viele Organisationen für den Umweltschutz ein.

967

조직
전 세계적으로 많은 조직들이 환경 보호를 위해서 전념하고 있다.

968

organisieren
Diese Organisationen organisieren Veranstaltungen, um Wissen zu verbreiten.

968

조직하다
이 조직들은 지식을 전파하기 위한 행사들을 짜고 있다.

Memo

연습문제

Umwelt 환경

1 Welches Wort ist gesucht? Zwei der gegebenen Wörter kann man nicht verwenden.

umweltschädlich / reduzieren / der Konsum / erneuerbar /
der Feinstaub / der Wirbelsturm / finanzieren / die Umwelt

ⓐ Ein Sammelbegriff für alle drehenden Winde ist: _____
ⓑ Etwas das zur Umweltverschmutzung beiträgt ist: _____
ⓒ Jemandem Geld für etwas geben, nennt man auch: _____
ⓓ Etwas das Autos und Fabriken produzieren ist: _____
ⓔ Etwas weniger oder kleiner machen, nennt man auch: _____
ⓕ Das müssen wir reduzieren, um die Natur zu schützen: _____

2 Hör dir den Text an und ergänze die Wörter.

Ü-9-2

Wie hat sich alles in den letzten Jahren verändert?
ⓐ Vor ein paar Jahren waren die _____ noch nicht so hoch.
ⓑ Die _____ ist länger geworden.
ⓒ Anna und Philipp hatten letztes Jahr noch keine _____.
ⓓ In den Geschäften gibt es mehr _____ Produkte zu kaufen.
ⓔ Vor einigen Jahren gab es noch kaum _____ auf den Straßen.
ⓕ Heutzutage gibt es mehr _____ in den Nachrichten.

3 Ergänze die Wörter im Text.

Technik / Klimaanlage / Technologie / Erfindung / Wissenschaft / Kraftwerk / Recherche / Entwicklung / Energie

Positive Nachrichten aus der Forschung
Schon vor etwa 50 Jahren haben Wissenschaftler festgestellt, dass unser Konsumverhalten den blauen Planeten negativ beeinflusst. Damals wurde nichts dagegen unternommen und das Leben ging weiter. Doch nun läuft uns die Zeit davon. Zu lange haben wir die Warnungen aus der ⓐ_____ ignoriert. Dennoch ist die ⓐ_____ bereit uns aus der Patsche zu helfen. Mit neuer ⓑ_____, kommen auch neue ⓒ_____. Nach jahrelanger ⓓ_____ haben Wissenschaftler vielleicht die Lösung für unser Problem gefunden. Die jüngsten ⓔ_____ versprechen, dass der Klimawandel bald Geschichte sein wird.
Und was müssen wir dafür tun? Was kostet uns das Ende des Klimawandels? Diese Frage steht noch offen, aber die ⓕ_____ ist fertig gebaut und einsatzbereit. Sie sollte, laut den Wissenschaftlern, die Erde wie eine riesige ⓖ_____ kühlen. Die überschüssige Wärme geht dann einfach in das Universum. Das Universum sollte sich dadurch nicht erhitzen, da die Erde so winzig klein ist, im Vergleich zum gesamten Universum.
Worauf warten wir dann noch?
Das Problem ist die ⓗ_____. Selbst wenn wir die ⓗ_____ aller fossilen und atomaren ⓘ_____ zusammen nehmen, könnten wir die Welt nicht genug abkühlen. Daher forschen die Wissenschaftler nun an einer besseren Energiequelle.

Gesellschaft und Recht
사회와 법

Gesellschaft	사회
969 ●●● **die Gesellschaft** (-en) Jeder Einzelne ist ein wichtiges Mitglied der Gesellschaft.	969 **사회** 각 개인은 사회의 중요한 구성원이다.
970 ●●● **die Jugend** (meist Sg.) Die Senioren schimpfen gerne über die Jugend.	970 **청년, 젊은이** 노인은 젊은이에 대해 불평하는 것을 좋아한다.
971 ●●● **die Generation** (-en) In vielen Gesellschaften gibt es Interessenkonflikte zwischen den Generationen. der Interessenkonflikt	971 **세대** 많은 사회에서 세대 간 이해충돌이 존재한다. 이해충돌
972 ●●● **die Bevölkerung** (-en) In der Bevölkerung eines Landes gibt es verschiedene Gesellschaftsgruppen.	972 **인구** 한 나라의 인구에는 다양한 사회 집단이 있다.

973

die **Aktion** (-en)
Deswegen sollten möglichst viele gruppenübergreifende Aktionen geplant werden.
übergreifend

973

행동, 활동
그렇기 때문에 집단을 포괄하는 가능한 많은 활동들이 계획되어야 한다.
포괄적인

974

der **Alltag** (-e) (meist Sg.)
Der Alltag kann eintönig sein.
eintönig

974

일상
일상은 단조로울 수 있다.
단조로운

975

alltäglich
Doch manchmal wird das alltägliche Leben ein Kampf.
der Kampf

975

일상적인, 평일의
그러나 가끔씩 일상의 삶이 싸움이 되기도 한다.
싸움

976

die **Bewegung** (-en)
Die tägliche Bewegung ist nicht nur für Senioren wichtig.

976

운동, 움직임
매일 하는 운동이 꼭 노인에게만 중요하지는 않다.

977

einführen
In Deutschland überlegt man, ein verpflichtendes Sportprogramm für Arbeitnehmer einzuführen.
verpflichtend

977

도입하다
독일에서는 노동자들의 의무적인 스포츠 프로그램을 도입하는 것을 고려하고 있다.
의무를 지우는

978
einheitlich
Dieses einheitliche Sportprogramm sollte vor Krankheiten schützen.

978
단일한, 획일적인
이러한 획일적인 스포츠 프로그램이 분명 질병을 예방할 것이다.

979
die **Kultur** (-en)
Doch in der deutschen Kultur wird Sport nicht als so wichtig betrachtet.

979
문화
그러나 독일 문화에서 스포츠는 그렇게 중요하다고 보지는 않는다.

980
kulturell
Regelmäßiger Sport könnte einen kulturellen Fortschritt bedeuten.
der Fortschritt

980
문화적인
정기적인 스포츠는 문화적인 진보를 의미할 수 있을 것이다.
진보

981
international
Berlin ist eine internationale Stadt, weil viele Menschen aus anderen Ländern auch dort wohnen.

981
국제적인
베를린에는 다른 나라에서 온 많은 사람들 또한 거기에 거주하고 있기 때문에 국제적인 도시이다.

982
interkulturell
Daher gibt es in der Stadt auch viele interkulturelle Feste.

982
다른 문화 간의, 간문화적인
그렇기 때문에 이 도시에서는 또한 많은 간문화적인 축제가 존재한다.

983 ● ● ●

der **Export** (-e)
Der Export ist für einen Staat eine Einnahmequelle.
die Einnahmequelle

983

수출
수출은 한 국가의 수입원이다.

수입원

---

984 ● ● ●

der **Import** (-e)
Durch Importe können Rohstoffe und Produkte aus anderen Ländern konsumiert werden.

984

수입
수입을 통하여 다른 나라의 원료와 제품이 소비될 수 있다.

---

985 ● ● ●

die **Überalterung** (-en) (meist Sg.)
Die Uberalterung der Gesellschaft ist ein großes Problem von reichen Ländern.

985

고령화
사회의 고령화는 부유한 나라들의 큰 문제이다.

---

986 ● ● ●

das **Altenheim** (-e)
Wenn ältere Menschen nicht mehr allein leben können, kommen sie ins Altenheim.

986

양로원
나이 든 사람이 더는 혼자 살 수 없을 때, 그들은 양로원으로 간다.

---

987 ● ● ●

die **Finanzen** (nur Pl.)
Die Finanzen des Staats müssen immer genau berechnet und überprüft werden.
der Staat

987

(국가)재정
국가의 재정은 항상 정확하게 계산되고 검사되어야 한다.
국가, 정부

988 ●●●
finanziell
Wegen der Inflation sieht meine finanzielle Situation nicht sehr gut aus.
die Inflation

988
재정상의
인플레이션 때문에 나의 재정 상황은 아주 좋지 않아 보여.
인플레이션

989 ●●●
die **Unterstützung** (-en)
Der Staat versucht, durch finanzielle Unterstützungen den Menschen zu helfen.

989
지원
국가는 재정적인 지원을 통해서 사람들을 도우려고 시도한다.

990 ●●●
fördern
Kleine Firmen müssen auch oft vom Staat gefördert werden.

990
후원하다, 지원하다
작은 회사들도 종종 정부로부터 지원을 받아야만 한다.

991 ●●●
die **Förderung** (-en)
Wenn man eine Förderung erhalten möchte, muss man Formulare ausfüllen.
das Formular

991
후원, 지원
만약 지원을 받기를 원하면 서류를 작성해야 해.

서류

992 ●●●
fordern
Die Bürger fordern mehr Unterstützung durch den Staat.

992
요구하다
시민은 정부의 더 많은 지원을 요구한다.

993 ● ● ●

die **Forderung** (-en)

Die Bürger waren unzufrieden, weil die Forderungen nicht erfüllt wurden.

erfüllen

993

요구

시민은 요구가 이뤄지지 않아서 불만이 있었다.

채우다

994 ● ● ●

individuell

Ob man eine Förderung bekommt oder nicht, wird individuell entschieden.

994

개인의

지원을 받을지 여부는 개별적으로 정해진다.

995 ● ● ●

sich informieren (über Akk.)

Man muss sich über mögliche Förderungen selbst informieren.

995

(~에 관한) 정보를 얻다

가능한 지원들에 대해서 스스로 정보를 얻어야만 한다.

996 ● ● ●

die **Information** (-en)

Die Informationen über den Sprachkurs finden Sie im Internet.

996

정보

어학 수업에 관한 정보는 인터넷에서 찾을 수 있습니다.

997 ● ● ●

integrieren

Um sich zu integrieren, muss man viel über die Gesellschaft und die Kultur lernen.

997

통합시키다

통합을 위해서는 사회와 문화에 대하여 많이 배워야만 한다.

998

das Mitglied (-er)
Er ist ein wichtiges Mitglied der Gesellschaft.

998

구성원
걔는 사회의 중요한 구성원이야.

999

national
Jedes Land hat das Recht auf nationale Unabhängigkeit.

999

국가의
각 나라는 국가의 독립에 있어 권리를 갖고 있다.

1000

international
Der internationale Handel ist für Länder wie Südkorea besonders bedeutend.
bedeutend

1000

국제적인
국제 무역은 한국과 같은 나라에게 특히 중요하다.
중대한, 의미 있는

1001

regional
Regionales Obst und Gemüse schmeckt frischer und gesünder.

1001

지방의
지방의 과일과 채소는 더 신선하고 더 건강한 맛이 난다.

1002

öffentlich
Mein Vater arbeitet seit meiner Geburt im öffentlichen Dienst.
der Dienst

1002

공공의, 공적인
나의 아버지는 나의 출생 이후로 공직에서 일을 하고 계셔.
근무, 서비스

1003
privat
Meine Mutter arbeitet bei einer privaten Firma.

1003
개인의, 사적인
나의 어머니는 사기업에서 일을 하고 계셔.

1004
offiziell
Ich arbeite offiziell noch nicht, aber manchmal passe ich auf meinen Cousin auf.
aufpassen auf Akk.

1004
공식의, 정식의
나는 아직 공식적으로 일을 하지는 않지만 가끔 나의 사촌을 돌보고 있어.
~를 돌보다

Recht | 법

1005
das **Gericht** (-e)
Das Gericht entscheidet, wenn sich zwei nicht einigen können.

1005
재판, 법정
재판은 둘 사이에 합의를 하지 못한 것을 판결한다.

1006
regeln
Die Entscheidungen sind nicht willkürlich, sondern geregelt.
willkürlich

1006
규칙을 세우다
판결은 자의적이 아닌, 규정되어 있다.
임의의, 자의적인

1007
die **Regel** (-n)
Das Gericht, sowie auch die Menschen müssen diesen Regeln folgen.

1007
규칙
법정 및 그 사람들도 이 규칙에 따라야 한다.

1008

festlegen
Manchmal werden neue Regeln von der Regierung festgelegt.

1008

확정하다
가끔 정부에 의해 새로운 규칙이 확정된다.

1009

feststehen
Es gibt aber auch Regeln, die schon sehr sehr lange feststehen.

1009

확정되어 있다
그러나 이미 매우 매우 오랫동안 정해져 있는 규정들도 있다.

1010

das **Gesetz** (-e)
Diese Regeln nennt man das Gesetz.

1010

법
이 규칙들을 법이라고 부른다.

1011

ein Gesetz beschließen
Letzten Monat wurde in meinem Heimatland ein neues Gesetz beschlossen.

1011

법안을 결의하다
지난달에 나의 고국에서는 새로운 법안이 결의되었다.

1012

legal
Es gibt legale Suchtmittel wie Nikotin und Alkohol.
das Suchtmittel

1012

합법의, 정당한
니코틴이나 알코올 같은 합법적인 중독성 물질이 있다.
중독성 물질

1013

illegal
Zudem gibt es viele illegale Dinge, die man nicht verkaufen darf.

1013

불법의
그 외에 판매하는 것이 허락되지 않은 많은 불법물들이 있다.

1014

die **Reform** (-en)
Wenn eine neue Präsidentin gewählt wird, kommt es meist zu Reformen.

1014

개혁
새로운 대통령이 뽑힐 때, 보통 개혁이 일어난다.

1015

das **Recht** (-e)
Auch Kinder und Tiere haben Rechte, die beachtet werden müssen.

1015

권리, 법, 법률
아이와 동물도 존중되어야 할 권리가 있다.

1016

rechtlich
Wenn man rechtliche Fragen hat, muss man einen Anwalt anrufen.

1016

공정한, 법률적인
만약 법률적인 질문이 있다면 변호사에게 전화해야 한다.

1017

der **Anwalt** (¨e)
die **Anwältin** (-nen)
Eine Anwältin kennt sich sehr gut mit dem Gesetz aus.
sich auskennen

1017

변호사
변호사는 법에 대하여 아주 잘 안다.
정통하다

1018

gleichberechtigt
Männer und Frauen sind immer noch nicht gleichberechtigt.

1018

동등한, 평등한
남자와 여자는 여전히 동등하지 않다.

1019

das **Geschlecht** (-er)
Manche Menschen werden weiterhin aufgrund ihres Geschlechts anders behandelt.

1019

성별
많은 사람들은 여전히 그들의 성별 때문에 다르게 대우받는다.

1020

global
Dieses globale Problem muss gelöst werden.

1020

세계적인
이러한 세계적인 문제는 해결되어야만 한다.

1021

die **Steuer** (-n)
Der Staat finanziert sich zum Großteil durch Steuern.

1021

세금
국가는 세금을 통하여 대부분 자금을 조달한다.

1022

die **Mehrwertsteuer** (-n) (meist Sg.)
Durch die Mehrwertsteuer verdient der Staat Geld, wenn man etwas kauft.

1022

부가 가치세
무언가를 살 때, 부가가치세를 통하여 국가는 돈을 얻는다.

248 Gesellschaft und Recht

1023
erhöhen
Es ist nicht leicht, die Steuern zu erhöhen.

1023
높이다
세금을 올리는 것은 쉽지 않다.

1024
fällig
Die Zahlungen sind immer zum 15. im Monat fällig.
fällig

1024
만기의, 예정된
이 지불금은 항상 매달 15일로 예정되어 있다.
(지불이) 예정된, 만기의

1025
die Mahnung (-en)
Wenn man die Rechnungen nicht bezahlt, bekommt man eine Mahnung.

1025
독촉, 독촉장
청구서를 지불하지 않는다면 독촉장을 받는다.

1026
die Gebühr (-en)
Für eine Mahnung muss man noch eine extra Gebühr bezahlen.

1026
비용
독촉장을 받으면 추가 비용을 더 지불해야만 한다.

1027
die Beschränkung (-en)
Man darf nicht mehr machen als die Beschränkung vorschreibt.
vorschreiben

1027
제한
제한으로 규정된 것보다 더 많은 것을 해서는 안 된다.
지시하다, 규정하다

1028
die Geschwindigkeitsbeschränkung (-en)
Wenn man sich nicht an die Geschwindigkeitsbeschränkung hält, muss man eine Geldstrafe bezahlen.
die Geldstrafe

1028
속도 제한

만약 속도제한을 지키지 않으면, 벌금을 내야 한다.
벌금

1029
anzeigen
Wenn man jemanden anzeigen möchte, kann man das auch bei der Polizei machen.

1029
고소하다, 고발하다

누군가를 고소하고 싶다면 경찰에 가서도 할 수 있어.

1030
die Anzeige (-n)
Die Anzeige wird dann überprüft und an die zulässige Stelle weitergeleitet.
zulässig

1030
고소, 고발

그러면 이 고소가 검토되어 관련 부서로 전달돼.

허용된, 인정되어 있는

1031
der Prozess (-e)
Alle rechtlichen Prozesse sind sehr kompliziert, daher sollte man mit einem Anwalt oder einer Anwältin sprechen.

1031
소송, 절차

모든 법적인 절차는 아주 복잡하기 때문에 변호사와 함께 이야기해야 해.

1032
beweisen
All seine Verbrechen wurden vor Gericht bewiesen.

1032
증명하다

그의 모든 범죄는 재판에서 증명되었다

1033

der **Beweis** (-e)

Der ausschlaggebende Beweis kam von seinem besten Freund.

ausschlaggebend

1033

증거, 증명

그 결정적인 증거는 그의 가장 친한 친구에게서 나왔다.

결정적인

1034

verurteilen

Der Verbrecher wurde letzte Woche verurteilt und muss ins Gefängnis.

der Verbrecher • das Gefängnis

1034

형을 선고하다, 판결하다

범죄자는 지난주에 판결을 받았고 감옥에 가야만 한다.

범인 • 감옥

1035

das **Urteil** (-e)

Das Urteil fiel eher mild aus und er muss nur 4 Jahre hinter Gitter.

ausfallen • das Gitter

1035

판결

판결은 오히려 관대한 결과를 내었고, 그는 4년만 감옥에 가야 한다.

(결과가) ~하게 되다 • 창살

1036

bestrafen

Ich bin der Meinung, dass man für Verbrechen bestraft werden soll.

1036

처벌하다

나는 범죄에 대해서는 처벌이 되어야 한다고 생각해.

1037

die **Strafe** (-en)

Auch eine Strafe muss gerechtfertigt werden.

1037

처벌, 징계, 벌금

또한 처벌은 정당화되어야 해.

Recht 법 251

1038

die **Freiheit** (-en)

Eine Freiheitsstrafe bedeutet, dass das Recht auf Freiheit weggenommen wird.

wegnehmen

1038

자유

금고형이란 자유의 권리가 박탈되는 것을 의미한다.

빼앗다

1039

das **Verbrechen** (-)

In der Zeitung wurde von einem schrecklichen Verbrechen in meinem Heimatdorf berichtet.

das Heimatdorf

1039

범죄

신문에 나의 고향에서 일어난 끔찍한 범죄가 보도되었다.

고향 마을

1040

ein **Verbrechen begehen**

Es wurde noch nicht geklärt, wer das Verbrechen begangen hat.

klären

1040

범죄를 저지르다

누가 그 범죄를 저질렀는지 아직 밝혀지지 않았다.

밝히다

1041

der **Verbrecher** (-)
die **Verbrecherin** (-nen)

Es wird vermutet, dass der Verbrecher oder die Verbrecherin eine Bewohnerin des Dorfes ist.

1041

범죄자

범죄자는 그 마을의 거주자일 것이라고 추측된다.

1042

der **Täter** (-)
die **Täterin** (-nen)

Wenn das wahr ist, dann kenne ich den Täter oder die Täterin bestimmt.

1042

범인

그게 사실이라면, 나는 그 범인과 분명 아는 사이일 것이다.

1043
der Verdacht (⁻e) (meist Sg.)
Ich hätte da schon einen Verdacht, wenn ich an meine Klassenkollegen denke.

1043
의혹
나는 나의 동창들을 생각하면 분명 어떤 의혹이 든다.

1044
der/die Verdächtige (-n)
Ich frage mich, wer auf der Liste der Verdächtigen steht.

1044
피의자
나는 누가 피의자 리스트에 올라있는지 궁금하다.

1045
der Zeuge (-n)
die Zeugin (-nen)
Außerdem frage ich mich, ob meine Freunde als Zeugen aussagen müssen.

1045
증인
또한 나의 친구들이 증인으로 진술해야 하는지에도 궁금하다.

1046
die Polizei (-en) (meist Sg.)
Die Polizei gewährleistet die öffentliche Ordnung und Sicherheit.
gewährleisten • die Ordnung

1046
경찰
경찰은 공공질서와 안전을 보장한다.
보장하다 • 질서

1047
die Sicherheit (-en)
Die meisten möchten einfach in Ruhe und Sicherheit leben.

1047
안전
대부분은 그저 조용하고 안전하게 살고 싶어 한다.

1048

stehlen
훔치다

Als ich 10 war, habe ich einmal Gummibärchen gestohlen.
내가 10살 때 나는 곰돌이 젤리를 훔친 적이 있다.

gewährleisten • die Ordnung
보장하다 • 질서

1049

der Dieb (-e)
die Diebin (-nen)
도둑

Heutzutage fällt es Dieben immer schwerer, ihrer Beschäftigung nachzugehen.
오늘날 도둑들이 일을 해내기가 점점 더 어려워지고 있다.

schwerfallen • nachgehn
어렵다 • 따라가다, 몰두하다

1050

betrügen
속이다

Beim Kauf meines letzten Autos wäre ich fast betrogen worden.
내가 최근 자동차를 샀을 때 거의 사기를 당할 뻔했다.

1051

der Betrug (¨e) (meist Sg.)
사기

Wer im Internet einkauft, muss sich vor Betrug in Acht nehmen.
인터넷에서 물건을 사는 사람은 사기에 주의해야만 한다.

sich in Acht nehmen (vor Dat.)
(~를) 조심하다

1052

der Betrüger (-)
die Betrügerin (-nen)
사기꾼

Senioren werden nicht selten von Trickbetrügern abgezockt.
노인이 사기꾼에게 바가지를 당하는 일이 드물지 않다.

der Trick • abzocken
속임수 • 바가지를 씌우다

1053
einbrechen
Ich habe die Polizei gerufen, weil ich dachte, bei meinen Nachbarn wird eingebrochen.

1053
침입하다
나는 내 이웃집이 침입당한다고 생각했기 때문에 경찰을 불렀다.

1054
der Einbruch (¨e)
Als die Polizei eintraf, konnten sie den „Einbruch" sofort klären.

1054
침입
경찰이 도착했을 때 그들은 이 "침입"을 바로 밝힐 수 있었다.

1055
der Einbrecher (-)
die Einbrecherin (-nen)
Der „Einbrecher" war der Hund meiner Nachbarn, der diese Nacht alleine gelassen wurde und wie wild in der Wohnung herumlief.

1055
침입자

이 "침입자"는 이날 밤에 혼자 남겨져 집에서 격렬하게 돌아다녔던 내 이웃의 개였다.

1056
das Gefängnis (-se)
Gefängnisse sind Orte, in denen Verbrecher eingesperrt sind.
einsperren

1056
감옥
감옥은 범죄자들이 갇혀있는 장소이다.

가두다

1057
im Gefängnis sitzen
Der Bruder des Polizeikommissars hatte Mord begangen und saß deshalb im Gefängnis.

1057
감옥에 있다
경찰국장의 남자 형제는 살인을 저질렀었고 그 때문에 감옥에 있었다.

1058

verhaften

Der Junge wurde wegen Drogenbesitzes verhaftet.

1058

체포하다, 구속하다

그 소년은 마약 소지로 체포되었다.

1059

festnehmen

Die Verdächtige wurde festgenommen und zur Polizeistation gebracht.

1059

체포하다

그 피의자는 체포되었고 경찰서로 이송되었다.

Auslandsaufenthalt | 해외 체류

1060

das Ausland (nur Sg.)

Das Ausland sind alle Länder, außer das Heimatland.

1060

외국

외국은 고국을 제외한 모든 나라이다.

1061

das Inland (nur Sg.)

Das Inland bedeutet das Gegenteil von Ausland, sprich, es ist das Land, in dem sich der Sprecher befindet.

1061

내국

내국은 외국의 반대말로 지금 화자가 있는 나라를 말한다.

1062

inländisch

Ich bevorzuge es, inländische Produkte zu kaufen, weil die Qualität höher ist.

1062

내국의

나는 내수품을 사는 걸 더 선호하는데, 질이 더 좋기 때문이야.

1063
ausländisch
Um Fremdsprachen zu lernen, sehe ich ausländische Serien.

1063
외국의
외국어를 배우기 위해서 나는 외국 드라마를 봐.

1064
der **Aufenthalt** (-e)
Für einen Aufenthalt im Ausland muss man viel vorbereiten.

1064
체제, 체류
외국에서 체류하려면 많은 것을 준비해야만 해.

1065
das **Amt** (¨er)
Wenn man etwas vom Staat braucht, muss man an ein Amt gehen.

1065
관청
국가로부터 무언가가 필요하면 관청에 가야만 해.

1066
der **Antrag** (¨e)
Meistens muss man dann einen Antrag ausfüllen.

1066
신청서
그러고 나서 대체로 신청서를 작성해야 해.

1067
das **Visum** (Visa/Visen)
Für ein Visum muss man einen Antrag in der Botschaft stellen.

einen Antrag stellen

1067
비자
비자는 대사관에서 신청해야 해.

신청하다

1068

die **Botschaft** (-en)

Manche Botschaften kann man nur mit einem Termin besuchen.

1068

대사관

많은 대사관들은 오직 예약해서 방문할 수 있어.

1069

das **Konsulat** (-e)

Auch in einem Konsulat kann man ein Visum beantragen.

beantragen

1069

영사관

영사관에서도 비자를 신청할 수 있어.

신청하다

1070

der **Visumantrag** (⸚e)

Die Bearbeitung des Visumantrags kann bis zu zwei Wochen dauern.

1070

비자 신청

비자 신청의 처리는 2주까지 걸릴 수 있어.

1071

die **Aufenthaltserlaubnis** (-se)

Eine Aufenthaltserlaubnis besagt, dass man in einem Land für eine gewisse Zeit bleiben darf.

besagen

1071

거주 허가

거주 허가는 한 나라에 특정 기간 동안 머물도록 허락되는 것을 말한다.

의미하다

1072

der **Aufenthaltstitel** (-)

Je nach Aufenthaltstitel kann sich diese Zeit verändern.

je nach Dat.

1072

거주 허가증

거주 허가증에 따라 이 기간은 달라질 수 있다.

~에 따라, ~마다

1073
die Arbeitserlaubnis (-se)
Auch die Arbeitserlaubnis hängt vom Aufenthaltstitel ab.
abhängen von Dat.

1073
노동 허가
또한 노동 허가는 거주 허가증에 달려있다.

~에 달려있다

1074
das Asyl (-e)
Wenn man aus seiner Heimat fliehen musste, kann man in einem anderen Land um Asyl ansuchen.
ansuchen um Akk.

1074
망명
자신의 고향에서 탈출해야만 했다면, 다른 나라에 망명을 신청할 수 있다.

~을 청원하다

1075
fliehen
In manchen Ländern werden politische Gegner verfolgt, daher müssen sie in andere Länder fliehen.
verfolgen

1075
도망치다
여러 나라에서 정치적 반대자들은 박해를 당하기 때문에 다른 나라로 도망칠 수밖에 없다.

박해하다

1076
die Flucht (-en)
Die Flucht aus dem Land ist nicht einfach und dauert oft wochenlang.

1076
탈출, 도주
한 나라를 탈출하는 것은 쉽지 않고 종종 몇 주나 걸린다.

1077
fremd
Wenn man das erste Mal in ein anderes Land kommt, kann man sich fremd fühlen.

1077
낯선
처음 다른 나라에 들어오게 되면 낯선 감정을 느낄 수 있다.

1078
heimisch
Nachdem man sich eingelebt hat, kann man sich richtig heimisch fühlen.
sich einleben

1078
고국의
정착하고 난 이후에는 정말로 고국의 감정을 느낄 수 있다.
정착하다

1079
der **Migrant** (-en)
die **Migrantin** (-nen)
Jemand, der seine Heimat verlässt, um woanders zu leben, ist ein Migrant.

1079
이민자
다른 곳에서 살고자 자신의 고향을 떠난 사람은 이민자이다.

1080
migrieren
Meine Tante ist letztes Jahr nach Frankreich migriert.

1080
이주하다
나의 이모는 작년에 프랑스로 이주하셨어.

1081
die **Migration** (-en)
Durch die Globalisierung wurde auch die Migration einfacher.
die Globalisierung

1081
이주
세계화를 통해서 이주도 더 쉬워졌다.
세계화

1082
einwandern
Jedes Jahr wandern tausende Menschen in die USA ein.

1082
이민 오다
매년 수천 명의 사람들이 미국으로 이민을 온다.

1083 ●●●
auswandern
Irgendwann möchte ich auch auswandern.

1083
이민 가다
언젠가 나도 이민을 가고 싶어.

연습문제 — Gesellschaft und Recht   사회와 법

1 Welche Wörter werden gesucht?

> die Mahnung / global / illegal / der Beweis /
> stehlen / anzeigen / die Steuer / das Gesetz

ⓐ Es zeigt, dass eine Behauptung oder eine Aussage wahr ist.

ⓑ Es ist, was man macht, wenn man Dinge von einer Person ohne zu fragen nimmt.

ⓒ So nennt man es, wenn es etwas nicht nur in einem Land, sondern in allen Ländern gibt.

ⓓ Das bekommt man, wenn man eine Rechnung nicht rechtzeitig bezahlt.

ⓔ Es sagt, was in einem Land nicht erlaubt ist und was man machen muss.

ⓕ Das macht man, wenn man denkt, eine andere Person hat die Regeln gebrochen.

ⓖ Dinge, die man nicht machen oder kaufen darf, beschreibt man mit diesem Wort.

ⓗ Das zahlt man an den Staat. Der Staat verdient dadurch Geld.

2 Hör dir den Text an und entscheide, ob die Aussagen richtig oder falsch sind.

Ü-10-2

ⓐ In Deutschland gibt es zwei große gesellschaftliche Probleme.

ⓑ Ein Problem ist die Armut der überalterten Gesellschaft.

ⓒ In Deutschland gibt es derzeit mehr Pensionisten als Arbeitskräfte.

ⓓ Von Armut bedrohte Menschen erhalten finanzielle Unterstützungen.

ⓔ Um an den Förderungsprogrammen teilzunehmen, muss man bezahlen.

3 Ergänze die Wörter im Text.

Ausland / Visumsantrag / heimisch / Botschaft / auswandern / Aufenthaltstitel / Arbeitserlaubnis

Es ist endlich so weit. Ich werde ⓐ _____, zumindest für eine Weile. Schon als ich ein Kind war, habe ich davon geträumt im ⓑ _____ zu leben. Vor einem Monat habe ich endlich die Bestätigung von der Universität bekommen, dass ich dort als Austauschstudent ein Jahr lang studieren kann. Also habe sofort bei der ⓒ _____ angerufen und einen Termin ausgemacht. Ich habe alle Dokument für meinen ⓓ _____ zusammengestellt und eingereicht. Danach musste ich zwei Wochen lang auf meinen ⓔ _____ warten. Zum Glück ist alles gut gelaufen. Ich habe sogar eine eingeschränkte ⓕ _____. Als Student darf ich 120 Tage im Jahr arbeiten. Ich freue mich schon auf Deutschland. Ich fühle mich jetzt schon ⓖ _____.

Politik und Geschichte
정치와 역사

Politik | 정치

1084

der Staat (-en)
Staat und Kirche sind in Deutschland offiziell getrennt.

1084

국가
독일에서 국가와 교회는 공식적으로 분리되어 있다.

1085

die Europäische Union
In der Europäischen Union kann man ohne Kontrolle über die Grenzen.

die Kontrolle • die Grenze

1085

유럽 연합
유럽 연합에서는 검사 없이 국경을 넘을 수 있다.

검사 • 국경

1086

der Präsident (-en)
die Präsidentin (-nen)
Barack Obama war ein Präsident der Vereinigten Staaten von Amerika.

1086

대통령
버락 오바마는 미국의 대통령이었다.

1087

der Premierminister (-)
die Premierministerin (-nen)
Im Vereinigten Königreich gibt es einen Premierminister.

1087

국무총리
영국에는 국무총리가 있다.

1088
der **Bundespräsident** (-en)
die **Bundespräsidentin** (-nen)
In Deutschland kennen viele den Bundespräsidenten nicht.

1088
연방 대통령
독일에서는 많은 사람들이 연방 대통령을 알지 못한다.

1089
der **Bundeskanzler** (-)
(kurz: Kanzler)
Der Bundeskanzler ist der deutsche Regierungschef.

1089
연방 수상 (남)
연방 수상은 독일 정부의 수반이다.

1090
die **Bundeskanzlerin** (-nen)
(kurz: Kanzlerin)
Angela Merkel war 16 Jahre lang Bundeskanzlerin von Deutschland.

1090
연방 수상 (여)
앙겔라 메르켈은 16년 동안 독일의 연방 수상이었다.

1091
regieren
Ein Land zu regieren ist nicht einfach, dennoch möchten viele diese Aufgabe übernehmen.

1091
통치하다
한 나라를 통치하는 것은 쉽지 않음에도 불구하고 많은 사람이 이 일을 하고 싶어 한다.

1092
der **Bürgermeister** (-)
die **Bürgermeisterin** (-nen)
Der Bürgermeister ist das Oberhaupt einer Stadt oder einer Gemeinde.

1092
시장
시장은 한 도시나 지역의 우두머리이다.

1093

die **Gemeinde** (-en)

Ich komme aus einer kleinen Gemeinde in der Nähe von Frankfurt.

1093

동네, 지역

나는 프랑크푸르트 근처에 있는 한 작은 동네 출신이다.

1094

das **Oberhaupt** (¨er)

Der Papst ist das Oberhaupt der katholischen Kirche.

der Papst • katholisch

1094

우두머리

교황은 가톨릭 교회의 우두머리이다.

교황 • 가톨릭의

1095

die **Regierung** (-en)

Die Regierung sorgt für das Wohlbefinden der Bürger und des Staats.

1095

정부

정부는 시민과 국가의 안녕을 위해 힘쓴다.

1096

der **Regierungschef** (-s)
die **Regierungschefin** (-nen)

Die europäischen Regierungschefs haben sich in Brüssel auf den EU-Haushalt für die nächsten sieben Jahre geeinigt.

der Haushalt • sich einigen auf Akk.

1096

정부 수반

유럽의 정부 수반들은 브뤼셀에서 다음 7년간의 EU 예산에 합의했다.

예산 • ~에 합의하다

1097

die **Bundesregierung** (-en)

Die Bundesregierung versucht die Ausbreitung von Covid-19 einzudämmen.

die Ausbreitung • eindämmen

1097

연방 정부

연방 정부는 코로나19의 확산을 막으려 한다.

확산 • 제한하다, 막다

1098 ● ● ●
das **Bundesland** (⸚er)
Deutschland hat insgesamt 16 Bundesländer, wie zum Beispiel Bayern.
insgesamt

1098
연방주
독일은 예를 들면 바이에른 같은 총 16개의 연방주를 가지고 있다.
총계로, 다 합쳐서

1099 ● ● ●
wählen
Angela Merkel wurde viermal hintereinander zur Bundeskanzlerin von Deutschland gewählt.
x-mal hintereinander

1099
선택하다, 투표하다
앙겔라 메르켈은 4번 연속 독일의 연방 수상으로 뽑혔다.
몇 번이나 연속으로

1100 ● ● ●
wählen gehen
Gehst du am Sonntag wählen?

1100
투표하러 가다
너 일요일에 투표하러 가니?

1101 ● ● ●
die **Wahl** (-en)
Die nächste Wahl findet in 2 Wochen statt.

1101
투표
다음 투표는 2주 후에 열린다.

1102 ● ● ●
der **Wähler** (-)
die **Wählerin** (-nen)
Die CDU hat viele Wähler an die SPD verloren.
Akk. an Akk. verlieren

1102
유권자
CDU는 SPD에게 많은 유권자를 빼앗겼다.
~에게 ~을 빼앗기다

1103

wahrscheinlich
Ich werde warscheinlich wählen gehen.

1103

아마, 다분히
나는 아마 투표하러 갈 거야.

1104

der **Kandidat** (-en)
die **Kandidatin** (-nen)
Der Kandidat der CDU lebt immer noch bei seinen Eltern zu Hause.

1104

후보자
CDU의 후보는 아직도 그의 부모님과 함께 산다.

1105

kandidieren
Ich möchte auch einmal für das Amt des Präsidenten kandidieren.

1105

입후보하다
나는 또한 대통령직에 한번 출마하고 싶어.

1106

abstimmen
Sie stimmten per Handzeichen über den Vertrag ab.
das Handzeichen

1106

투표하다
그들은 그 조약에 관해서 거수로 투표했다.
거수

1107

die **Stimme** (-n)
Die CDU hat 40% aller Stimmen bekommen.

1107

투표, 목소리
CDU는 총투표의 40퍼센트를 얻었다.

1108

protestieren

In vielen deutschen Städten wird gegen die neuen Maßnahmen der Bundesregierung protestiert.

die Maßnahme

1108

항의하다

많은 독일 도시가 연방 정부의 새로운 조치에 반대하여 항의한다.

조치

1109

der **Protest** (-e)

An dem Protest haben über 100.000 Menschen teilgenommen.

1109

항의, 항변

항의에는 100,000명 이상이 참여했다.

1110

der **Politiker** (-)
die **Politikerin** (-nen)

Politiker versprechen nur Dinge, um gewählt zu werden.

1110

정치가

정치가들은 오직 선택받기 위한 것들만 약속한다.

1111

die **Politik** (nur Sg.)

Die Leute sind mit der Politik der Regierung unzufrieden.

1111

정치, 정책

사람들은 정부의 정책에 관해 불만이다.

1112

politisch

Ich bin erst seit etwa 2 Jahren politisch interessiert.

1112

정치적인

나는 대략 2년 전부터 비로소 정치에 관심을 가지고 있다.

1113
der Minister (-)
die Ministerin (-nen)
Viele Politiker werden zu Ministern, obwohl sie gar keine Ahnung von dem jeweiligen Bereich haben.
jeweilig • der Bereich

1113
장관
많은 정치가는 그들이 각 분야에 대하여 전혀 아는 바가 없음에도 불구하고 장관이 된다.
각각의 • 분야

1114
das Ministerium (-ien)
Das Bundesgesundheitsministerium informiert die Bürger über Epidemien.
die Epidemie

1114
내각, 부처
연방 보건부는 시민들에게 전염병에 대해 안내한다.
유행성 전염병

1115
das Volk (¨er)
Das Volk ging auf die Straße, um gegen die Regierung zu protestieren.

1115
민족, 국민
국민들은 정부에 반대 시위를 하기 위하여 거리로 나왔다.

1116
der Bürger (-)
die Bürgerin (-nen)
Alle Bürger Deutschlands müssen krankenversichert sein.
krankenversichert

1116
시민
모든 독일의 시민들은 의료 보험에 가입되어 있어야 한다.
의료 보험에 가입된

1117
die Bevölkerung (-en)
Wenn die Bevölkerung immer älter wird, nennt man das Überalterung.

1117
인구
만약 인구가 점점 나이가 들어가면 그것을 고령화라고 한다.

1118

die Grenze (-n)

An der Grenze zwischen Nord- und Südkorea ist es zu einem Schusswechsel gekommen.
der Schusswechsel • Es kommt zu Dat.

1118

국경

남한과 북한의 경계에서 총격전이 있었다.

총격전 • ~이 발생하다

1119

die Partei (-en)

In Deutschland gibt es sechs große Parteien: die CDU, die SPD, die Grünen, die Linke, die AfD und die FDP.

1119

정당

독일에는 6개의 큰 정당이 있다: CDU, SPD, Grüne, Linke, AfD 그리고 FDP.

1120

recht-

Eine rechte Ideologie ist, dass nicht alle Menschen gleich behandelt werden sollten, weil Menschen unter-schiedliche Leistungen für die Gesellschaft erbringen.
behandeln • Leistung erbringen

1120

우파의

우파의 이념은 사람들마다 사회에서 각각 다른 성과를 이루기 때문에 모든 사람들이 똑같이 대우받으면 안 된다는 것이다.

다루다 • 성과를 이루다

1121

link-

Eine linke Ideologie ist im Prinzip, dass alle Menschen in einer Gesellschaft gleich behandelt werden müssen.
im Prinzip

1121

좌파의

좌파의 이념은 원칙적으로, 사회의 모든 사람들이 동일하게 대우받아야 한다는 것이다.

원칙적으로

1122

konservativ

Konservative Menschen möchten kaum oder wenige Veränderungen.
die Veränderung

1122

보수적인

보수적인 사람은 거의 없거나 아주 작은 변화를 원한다.

변화

Politik 정치

1123 ● ● ●

progressiv
Progressive Menschen wünschen sich viel Fortschritt in Bereichen wie Technologie und Wissenschaft.

1123

진보적인
진보적인 사람은 기술이나 학문 같은 분야에서 많은 진보를 바란다.

1124 ● ● ●

liberal
Eine liberale Partei möchte, dass ein Bürger so frei wie möglich von staatlicher Kontrolle ist.

1124

자유로운, 자유주의의, 진보적인
자유주의 정당은 시민이 국가의 통제로부터 가능한 아주 자유롭기를 원한다.

1125 ● ● ●

die **Koalition** (-en)
Viele Regierungen bestehen aus Koalitionen mehrerer Parteien.

bestehen aus Dat.

1125

동맹, 연정
많은 정부는 여러 정당의 동맹으로 구성되어 있다.

~로 이루어져 있다

1126 ● ● ●

das **Parlament** (-e)
Im Parlament sitzen Abgeordnete verschiedener Parteien und dort werden die Gesetze gemacht.

1126

의회
의회에는 상이한 정당 국회의원들이 참석하며 그곳에서 법이 만들어진다.

1127 ● ● ●

der/die **Abgeordnete** (-n)
Ein Abgeordneter ist eine Person, die die Wähler in das Parlament wählen.

1127

(국회)의원
국회의원은 유권자들이 의회에 선출하는 사람이다.

1128 ● ● ●
der **Bundestag**
Der Bundestag ist das deutsche Parlament.

1128
연방 의회
연방 의회는 독일의 의회이다.

1129 ● ● ●
der **Landtag** (-e)
Der nordrhein-westfälische Landtag ist das Parlament des Bundeslandes Nordrhein-Westfalen.

1129
주 의회
노르트라인-베스트팔렌 주 의회는 노르트라인-베스트팔렌 주의 의회이다.

1130 ● ● ●
die **Demokratie** (-n)
In einer Demokratie wird das gemacht, was die Mehrheit machen möchte.

1130
민주주의
민주주의에서는 나수가 아기를 원하는 것이 이뤄진다.

1131 ● ● ●
demokratisch
Wir haben uns demokratisch entschieden.

1131
민주적인
우리는 민주적으로 결정했어.

1132 ● ● ●
die **Diktatur** (-en)
In einer Diktatur wird das gemacht, was eine Person machen möchte, auch wenn alle anderen das nicht machen möchten.

1132
독재
독재에서는 다른 모든 사람이 원하지 않더라도 한 사람이 하고 싶은 것이 이뤄진다.

1133 ● ● ●

der Diktator (-en)
die Diktatorin (-nen)

Das Volk war endlich in der Lage, den Diktator zu stürzen.

in der Lage sein • jmdn. stürzen

1133

독재자

국민들은 드디어 독재자를 끌어내릴 수 있었다.

할 수 있다 • ~를 끌어내리다

1134 ● ● ●

sich weigern

Ich weigere mich, diesen Satz zu schreiben.

1134

거부하다

나는 이 문장을 쓰는 것을 거부할 거야.

1135 ● ● ●

die Mehrheit (-en)

Mit 40% aller Stimmen hat die CDU bei der letzten Wahl die Mehrheit der Stimmen bekommen.

1135

다수

40퍼센트의 투표수로 CDU는 지난 선거에서 다수표를 얻었다.

1136 ● ● ●

die Minderheit (-en)

Minderheiten werden nicht selten diskriminiert.

1136

소수

소수는 드물지 않게 차별받는다.

1137 ● ● ●

diskriminieren

Alte Menschen werden in Deutschland in den verschiedensten Bereichen diskriminiert: z. B. im Beruf, in der Politik, im Straßenverkehr und im Gesundheitswesen.

der Bereich

1137

차별하다

독일에서 나이 든 사람은 온갖 분야에서 차별받고 있다: 예를 들면 직업, 정책, 교통 그리고 의료 서비스 등에서 말이다.

분야

1138 ●●●
die **Diskriminierung** (-en) (meist Sg.)
Wenn man sich als homosexueller Mann um einen Job als Kindergärtner bewirbt, dann muss man mit Diskriminierung rechnen.
homosexuell • rechnen mit Dat.

1138
차별
만약 동성애자 남자가 유치원에 지원을 한다면 차별을 예상해야만 한다.

동성애의 • ~을 예상하다

1139 ●●●
die **Wirtschaft** (-en) (meist Sg.)
Die Wirtschaft ist immer ein wichtiges Thema in der Politik.

1139
경제
경제는 정치에서 항상 중요한 이슈이다.

1140 ●●●
wirtschaftlich
Die wirtschaftliche Entwicklung beeinflusst das Wohlergehen des Staats.
beeinflussen

1140
경제적인
경제적인 발전은 국익에 영향를 끼신다.

영향을 끼치다

Geschichte | 역사

1141 ●●●
der **Krieg** (-e)
Der Krieg dauerte 3 Jahre und forderte sehr viele Menschenleben.
Menschenleben fordern

1141
전쟁
전쟁은 3년간 지속되었고 아주 많은 인명손실을 초래했다.

인명손실을 초래하다

1142 ●●●
der **Kalte Krieg**
Von 1945 bis 1990 befanden sich die USA und die Sowjetunion im Kalten Krieg.
die Sowjetunion

1142
냉전
1945년부터 1990년까지 미국과 소련은 냉전 속에 있었다.

소비에트 연합

1143

der (Erste/Zweite) **Weltkrieg**
Der Erste Weltkrieg dauerte von 1914 bis 1918.

1143

(1차/2차) 세계대전
1차 세계대전은 1914년부터 1918년까지 지속되었다.

1144

im Krieg fallen
Unzählige junge Männer sind im Krieg gefallen.
unzählig

1144

전사하다
셀 수 없는 젊은 남자들이 전쟁에서 전사하였다.
셀 수 없는

1145

der **Koreakrieg**
Der Koreakrieg war ein 3-jähriger Konflikt zwischen Nord- und Südkorea.

1145

한국전쟁
한국전쟁은 남한과 북한 사이의 3년간의 충돌이었다.

1146

gewinnen
Die Antworten auf die Frage, wie die Welt aussähe, wenn die Nazis den Krieg gewonnen hätten, sind alle sehr bedrückend.

1146

이기다
만약 나치가 전쟁에서 이겼다면 세상이 어땠을지에 대한 질문의 답변들은 모두 매우 우울하다.

1147

der **Kampf** (¨e)
Der globale Kampf um Rohstoffe zwischen China und den westlichen Industriestaaten hört nicht auf.
der Rohstoff • der Industriestaat

1147

싸움
원료를 둘러싼 중국과 서방 산업 국가들의 국제적인 싸움은 끝나지 않는다.
원료 • 산업 국가

1148
kämpfen
„Wir kämpfen für unser Land, für unsere Ehre und um den Sieg! Auf in den Kampf!", schrien die Soldaten.

die Ehre

1148
싸우다
"우리는 우리의 나라와 우리의 명예와 승리를 위해 싸운다! 가서 이기자!"라고 군인들은 소리쳤다.

명예

1149
die Gewalt (nur Sg.)
Es kommt nicht selten vor, dass Waisenkinder in Adoptivfamilien Opfer von Gewalt werden.

die Adoptivfamilie

1149
폭력
입양 가정의 고아들이 폭력의 희생양이 되는 일은 드물지 않게 일어난다.

입양 가정

1150
Gewalt anwenden
Gewalt anzuwenden ist eigentlich verboten, aber für Staaten gilt diese Regel im Krieg nicht.

gelten • die Regel

1150
폭력을 사용하다
폭력을 사용하는 것은 원래 금지되어 있지만 이 규칙이 전쟁 속에서의 국가에 적용되지 않는다.

유효하다, 적용되다 • 규칙

1151
angreifen
Ein Krieg beginnt, wenn ein Land das andere angreift.

1151
공격하다
한 나라가 다른 나라를 공격할 때 전쟁이 시작된다.

1152
der Sieg (-e)
Die USA feiern den Sieg über Nazi-Deutschland.

1152
승리
미국은 나치 독일에 대한 승리를 축하한다.

1153

siegen
Wir haben in dem Wettkampf gesiegt und einen Pokal gewonnen.
der Pokal

1153

승리하다
우리는 시합에서 이겼고 우승컵을 획득했다.
우승 트로피

1154

das Opfer (-)
Die meisten Opfer der Kriege sind Zivilisten.
der Zivilist

1154

희생자
대부분의 전쟁 희생자는 민간인이다.
민간인

1155

der Verlust
Der Krieg brachte trotz des Sieges nur Verluste.

1155

손실, 손해
승리에도 불구하고 전쟁은 오직 손실만을 가져왔다.

1156

töten
Er sollte ihn töten, aber er konnte es einfach nichts übers Herz bringen.
nichts übers Herz bringen

1156

죽이다
그는 그를 죽여야 했으나 차마 아무것도 할 수 없었다.
차마 아무것도 하지 못하다

1157

der Tod (-e) (meist Sg.)
Hitler war für den Tod von Millionen Juden verantwortlich.
der Jude

1157

죽음
히틀러는 수백만 유대인의 죽음에 대한 책임이 있었다.
유대인

1158 ●●●
sterben
Er ist letztes Jahr im Alter von 98 Jahren gestorben.

1158
죽다, 사망하다
그는 작년에 98세의 나이로 사망했다.

1159 ●●●
der **Waffenstillstand** (¨e)
Waffenstillstand bedeutet, dass der Krieg nicht zu Ende ist, aber nicht mehr gekämpft wird.

1159
휴전
휴전은 전쟁이 끝난 것은 아니지만 더 이상 싸우지 않는 것을 의미한다.

1160 ●●●
der **Frieden** (nur Sg.)
Wie schön wäre es, wenn es Frieden auf Erden gäbe?

1160
평화
세상에 평화가 온다면 얼마나 좋을까?

1161 ●●●
das **Militär** (nur Sg.)
Das deutsche Militär ist für die Verteidigung des deutschen Staates zuständig.

1161
군대
독일 군대는 독일 국가의 방어에 대한 책임을 지고 있다.

1162 ●●●
der **König** (-e)
die **Königin** (-nen)
König Sejong regierte Joseon von 1418 bis 1450.

1162
왕 / 여왕
세종대왕은 1418년부터 1450년까지 한국을 다스렸다.

1163

der **Kaiser** (-)
die **Kaiserin** (-nen)
Kaiserin Sisi ist weltweit für ihre Schönheit bekannt.

1163

황제 / 황후

황후 시씨는 그녀의 미모로 세계적으로 유명하다.

1164

das **Königreich** (-e)
Das Königreich Belgien hat sowohl einen König als auch einen Premierminister.

1164

왕국

벨기에 왕국은 왕뿐만 아니라 국무총리도 있다.

1165

das **Kaiserreich** (-e)
Am 17. Oktober 1897 machte König Gojong aus Korea ein Kaiserreich, indem er sich selbst zum Kaiser ernannte.

ernennen

1165

제국

1897년 10월 17일에 고종 왕은 스스로를 황제로 임명함으로써 한국을 제국으로 만들었다.

임명하다

1166

das **Jahrhundert** (-e)
Im 20. Jahrhundert gab es zwei Weltkriege.

1166

100년, 세기

20세기에 두 개의 세계대전이 있었다.

1167

das **Jahrzehnt** (-e)
Das zweite Jahrzehnt des 21. Jahrhunderts endet am 31. Dezember 2020.

1167

10년

21세기의 두 번째 십 년은 2020년 12월 31일에 끝난다.

1168 ● ● ●	1168
das **Jahrtausend** (-e)	**1000년**
Im Jahr 2000 begann ein neues Jahrtausend.	2000년에 새천년이 시작되었다.

1169 ● ● ●	1169
die **90er** (Neunziger) / die **80er** (Achtziger) ...	**90년대 / 80년대 ...**
Deutschland wurde Ende der 80er Jahre wiedervereinigt.	독일은 80년대 말에 재통일되었다.
wiedervereinigen	다시 결합시키다

1170 ● ● ●	1170
der **Historiker** (-) die **Historikerin** (-nen)	**역사학자**
Ein Historiker beschäftigt sich mit der Geschichte der Welt.	역사학자는 세계의 역사에 관해 연구한다.
sich beschäftigen mit Dat.	~에 종사하다

1171 ● ● ●	1171
historisch	**역사의, 역사적인**
Der Ausbruch der Coronapandemie war ein historischer Moment.	코로나 대유행의 발생은 역사적인 순간이었다.

1172 ● ● ●	1172
wahr	**진실한**
Nicht alles in der Geschichte ist wahr, denn sie wird immer von den Gewinnern geschrieben.	역사는 항상 승리자에 의해 쓰여지기 때문에 역사 속 모든 것이 진실은 아니다.

1173

die **Wahrheit** (-en) (meist Sg.)
Daher zeigen die meisten Geschichtsbücher nur einen Teil der Wahrheit.

1173

진실
그렇기 때문에 대부분의 역사책은 오직 진실의 한 부분만 보여준다.

1174

widersprechen
Manchmal werden neue Fakten, die der erzählten Geschichte widersprechen, dargelegt.

1174

반대되다, 모순되다
때때로 서술된 역사와 모순되는 새로운 사실들이 제시된다.

1175

widerspiegeln
Die Geschichtsbücher spiegeln immer die aktuelle politische Lage wider.

1175

반영하다
역사책은 항상 현재의 정치적 상황을 반영한다.

1176

wertlos
Das bedeutet nicht, dass diese Erzählungen wertlos sind.

1176

가치 없는
그것은 이러한 이야기들이 가치 없다는 것을 의미하지 않는다.

1177

wertvoll
Wenn man die Erzählungen richtig interpretiert, können sie sehr wertvoll sein.
interpretieren

1177

가치가 큰, 귀중한
만약 이 이야기들을 올바르게 해석한다면 그것은 가치가 높을 수 있다.
해석하다

1178 ● ● ●

warnen

Eine Aufgabe der Geschichte ist es, uns zu warnen.

1178

경고하다

역사의 과제는 우리를 경고하는 것이다.

1179 ● ● ●

die **Warnung** (-en)

Besonders die Weltkriege sind eine wichtige Warnung für die internationale Politik.

1179

경고

특히 세계대전은 국제 정치에 관한 중요한 경고이다.

1180 ● ● ●

die **Wiederholung** (-en)

Käme es zu einer Wiederholung dieser Kriege, würde es keine Sieger geben.

1180

반복

만약 이 전쟁들이 다시 반복된나번 승리자는 없을 것이다.

1181 ● ● ●

wiederholen

Die gelernten Vokabeln solltest du auf jeden Fall wiederholen.

1181

반복하다

너는 배운 단어들을 무조건 반복(복습)해야 해.

연습문제

Politik und Geschichte 정치와 역사

1 Hör dir den Dialog an und wähle die richtige Antwort.

ⓐ Welche Partei hat Gülcan gewählt? _____

ⓑ Simon findet die Partei, die Gülcan gewählt hat, nicht gut, weil:
  ① die Partei keinen Finanzierungsplan hat
  ② die Partei den Waffenexport unterstützt
  ③ die Partei keine Bildungspolitik hat.

ⓒ Simon möchte nicht die CDU wählen, weil:
  ① er mit 18 von zu Hause ausgezogen ist.
  ② die zwar christlich sind, aber Krieg unterstützen.
  ③ er schon in einem Fußballverein ist.

ⓓ Die SPD ist nichts für Simon, weil die Partei
  ① sich erst mal selbst finden muss.
  ② nur hässliche Politiker hat.
  ③ viel zu konservativ ist.

interessehalber 재미삼아 • die Umwelt 환경 • der Umweltschutz 환경보호 • der Waffenexport 무기수출 • Betreuungsmöglichkeiten 보육 옵션 • austreten 떠나다, 탈퇴하다 • heuchlerisch 거짓의, 위선의 • in den Krieg ziehen 전쟁에 출정하다

2 Welches Wort kommt in die Lücke?

ⓐ Berlin, Hamburg und Bremen sind drei deutsche Städte und auch drei deutsche _____ .

ⓑ Südkorea hat nur _____ zu einem anderen Land.

ⓒ Im deutschen _____ wird von den Abgeordneten über die Zukunft des Landes gesprochen.

ⓓ Deutschland und Südkorea sind _____ .

ⓔ Wenn ich einen Job nicht bekomme, weil dem Arbeitgeber meine Hautfarbe nicht gefällt, dann ist das _____ .

ⓕ _____ steht an der Spitze einer Regierung. In Ländern wie Südkorea oder den USA übernimmt er oder sie die Aufgaben, die in Deutschland oder Großbritannien von dem Kanzler bzw. dem Premierminister übernommen werden. In Deutschland hat _____ repräsentative Funktionen.

ⓖ Wenn eine deutsche Partei bei einer Wahl mehr als 50% aller _____ bekommt, können sie alleine regieren.

3 Ergänze den Text mit den folgenden Wörtern.

angreifen   Feind (-e)   Gewalt   kämpfen   Staat (-en)   sterben

Ein Krieg ist ein Konflikt zwischen zwei oder mehreren ① _____, der mit ② _____ gelöst werden soll. In einem Krieg verfolgen Regierungen verschiedene Ziele. Um die Ziele zu erreichen, muss der ③ _____ besiegt werden. Es gibt viele Gründe oder Ursachen für einen Krieg. Es können wirtschaftliche, politische, ideologische, religiöse oder kulturelle Gründe sein und normalerweise gibt es eine Kombination aus unterschiedlichen Gründen, die zu einem Krieg führen. Früher ging es in Kriegen oft um die Eroberung von Ländern; heutzutage geht es oft um Ressourcen. Nicht selten werden die wahren Gründe für einen Krieg nicht genannt.
Der Vorwand für den Irakkrieg zum Beispiel war, dass der Irak Massenvernichtungswaffen hätte, mit denen er die USA ④ _____ wollte. Das konnte nie bewiesen werden und deshalb glauben viele, dass die USA in Wirklichkeit um Öl ⑤ _____ haben.
Ein Krieg fordert viele Menschenleben. Aber auch nach dem offiziellen Ende eines Krieges ⑥ _____ normalerweise noch Menschen. Schwer verletzte Personen können nicht immer gerettet werden.

ein Ziel verfolgen 목표를 추구하다, 수행하다 • ein Ziel erreichen 목표에 도달하다 • die Eroberung 정복 • die Ressource 자원 • der Vorwand 핑계, 구실

정답

Sprache 언어

1 ⓐ Nomen - Modalverb - Adverb - Adverb - Präposition - Artikel - Nomen - Präposition - Nomen - Verb
ⓑ Nomen - Verb - Artikel - Nomen - Adverb - Konjunktion - Artikel - Nomen - Adverb - Verb
ⓒ Nomen - Hilfsverb - Artikel - Nomen - Relativpronomen - Adverb - Präposition - Artikel - Nomen - Verb

2 ⓐ Diktatur
Konsonanten
   geschrieben: d, k, t, t, r   5개
   gesprochen: d, k, t, t   4개
Vokale
   geschrieben: i, a, u   3개
   gesprochen: i, a, u, r   4개
Silben: dik-ta-tur   3개
Betonung: dik-ta-TUR   auf der letzten Silbe

ⓑ Dschungel
Konsonanten
   geschrieben: d, s, c, h, n, g, l   7개
   gesprochen: d, zh, ng, l   4개
Vokale
   geschrieben: u, e   2개
   gesprochen: u   1개
Silben: dschung-el   2개
Betonung: DSCHUNG-el   auf der ersten Silbe

ⓒ Haustür
　　Konsonanten
　　　　geschrieben:　h, s, t, r　　　　　　　4개
　　　　gesprochen:　h, s, t　　　　　　　　3개
　　Vokale
　　　　geschrieben:　a, u, ü　　　　　　　　3개
　　　　gesprochen:　a, u, ü, r　　　　　　　4개
　　Silben:　　　　　haus-tür　　　　　　　　2개
　　Betonung:　　　HAUS-tür　　　　　　　auf der ersten Silbe

3 ① auswendig gelernt　　② Grammatik
　　③ Aussprache　　　　　④ klinge
　　⑤ Zertifikat　　　　　　　⑥ üben

4
　　　　　　　　　　　　　　　　　　　　　← ⓐ

B	R	M	I	N	E	I	E	R	H	C	S	N	A	
E	U	ⓔ	B	A	J	R	Y	N	K	R	A	N	K	
T	F	↓	E	B	H	C	S	Q	L	A	S	S	O	
O	Q	I	T	A	I	X	R	U	I	L	N	Z	R	
K	K	A	O	F	E	← ⓖ	B	U	H	E	E	A	T	
A	L	K	N	E	F	U	R	U	A	V	H	H	E	
Y	G	U	E	I	A	D	L	E	R	C	C	L	X	
M	Z	S	N	E	H	C	E	R	P	S	S	U	A	← ⓓ
U	ⓑ →	F	A	R	L	O	B	A	J	E	R	T	I	
T	K	O	M	M	U	N	I	Z	I	E	R	E	N	
V	M	Z	I	E	H	E	N	Z	A	N	E	D	E	
B	H	ⓕ →	C	I	N	K	C	I	P	U	H	O	G	
S	E	U	E	B	E	R	S	E	T	Z	E	N	N	
X	I	O	T	E	F	L	O	N	S	P	B	E	E	

　　　　　　　　　　　　　　　　　　　　↑
　　　　　　　　　　　　　　　　　　　　ⓒ

정답

Meinung / Diskussion   의견 / 토론

1 ⓐ Meinung ⓑ Vorschlag ⓒ Meinung
   ⓓ Vorschlag ⓔ Meinung

2 ⓐ Einfluss ⓑ Aspekten ⓒ geeinigt
   ⓓ unterbrechen ⓔ führt ⓕ Nachteile
   ⓖ Argument ⓗ ausgewirkt ⓘ überzeugen

3 Ⓐ ⓘ Ⓑ ⓒ Ⓒ ⓕ Ⓓ ⓑ Ⓔ ⓗ Ⓕ ⓖ
   Ⓖ ⓓ Ⓗ ⓐ Ⓘ ⓔ

Medien und Technik   미디어와 기술

1 ⓐ Nachricht ⓑ Fernsehen ⓒ Datei
   ⓓ google ⓔ Schriftsteller

2 ②

3 ① Serie ② Staffeln, Staffel ③ Folgen, Folge
   ④ Mystery, Mystery ⑤ geht es um ⑥ Hauptfiguren
   ⑦ Handlung ⑧ Zuschauer

Gesundheit   건강

1 ⓐ Krankenpfleger / Krankenpflegerin
   ⓑ ein Rezept vom Arzt
   ⓒ Schwangerschaft
   ⓓ übel / schlecht
   ⓔ in einer Praxis
   ⓕ zum Zahnarzt

2 ① Allergie, Allergien ② reagiert ③ Immunsystem
   ④ abwehren ⑤ Hausarzt ⑥ Symptome
   ⑦ Schnupfen ⑧ juckende ⑨ Medikamente
   ⑩ allergische

3 ⓐ B　　ⓑ C　　ⓒ E　　ⓓ D　　ⓔ A

Arbeit 일

1 ⓐ Ich habe einen Nebenjob in einem kleinen Café.
　ⓑ Ich bin bei der gleichen Firma wie mein Bruder angestellt.
　ⓒ Ich habe so viele Bewerbungen verschickt und nie eine Antwort bekommen.
　ⓓ Mein Kollege, der Thomas, wurde gestern zum Abteilungsleiter befördert.
　ⓔ Meine Arbeitszeiten haben sich geändert.
　ⓕ Es tut uns leid, aber Sie sind leider nicht qualifiziert genug.

2 ⓐ Nein, sie haben die Firma ohne Erfahrung gegründet.
　ⓑ Sie hat ihre Tochter mit auf die Arbeit genommen.
　ⓒ Weil er sich nachts um die Tochter kümmern musste.
　ⓓ Sie hat den Einkauf gemacht, die Wäsche gewaschen und ein bisschen gekocht.
　ⓔ Das findet morgen statt.

3 ① Aufgabenbereich　② Kündigungsfrist　③ Arbeitszeiten
　④ Urlaub　⑤ beantragt　⑥ Gehalt

Urlaub und Freizeit 휴가와 여가시간

1 ⓐ Bali
　ⓑ 450 Euro pro Person
　ⓒ Ja, eine Reiseversicherung
　ⓓ ein 4-Sterne-Hotel
　ⓔ Nein, die Reise kann man nicht stornieren.

2 ⓐ Blaue　　　ⓑ Stadtplan　　　ⓒ Atmosphäre
　ⓓ Jugendherberge　ⓔ Spaziergang　ⓕ Nickerchen
　ⓖ Picknick

3 ⓐ fotografieren　ⓑ reiten　　ⓒ klettern
　ⓓ ausgehen　　　ⓔ angeln

정답

Erfahrungen im Leben 인생의 경험

1. ⓐ ① verwirrt   ② verwechsle
   ⓑ ① vertrauen   ② glauben
   ⓒ ① belügen   ② betrogen
   ⓓ ① erkannt   ② wiedererkannt
   ⓔ ① verändert   ② entwickelt

2. ⓐ Schuld   ⓑ Ziel   ⓒ Unterschied
   ⓓ Konflikt   ⓔ Hindernis   ⓕ Schwierigkeiten
   ⓖ Hoffnung   ⓗ Erwartung

3. ⓐ X   ⓑ X   ⓒ X   ⓓ O

4. ⓐ Sie hat ganz schnell aufgelegt und ist zurück ins Büro gegangen.
   ⓑ Er hat sie an den Ohrringen erkannt.
   ⓒ Er hat Elisabeth abends in einem Handy-Geschäft gesehen. Sie hat mit dem Verkäufer gesprochen und dabei sehr viel gelächelt.

Beziehungen 관계

1. ⓐ stehen sich sehr nahe.
   ⓑ sind befreundet.
   ⓒ sind verwandt.
   ⓓ lassen sich scheiden.
   ⓔ können sich nicht leiden.

2. ⓐ merkwürdig   ⓑ erfolgreich   ⓒ pessimistisch
   ⓓ humorvoll   ⓔ berühmt   ⓕ geheimnisvoll
   ⓖ entschlossen

3. ⓐ enttäuscht   ⓑ motiviert   ⓒ hoffnungsvoll
   ⓓ dankbar   ⓔ depressiv   ⓕ erleichtert
   ⓖ einsam

Umwelt 환경

1 ⓐ der Wirbelsturm ⓑ umweltschädlich ⓒ finanzieren
ⓓ der Feinstaub ⓔ reduzieren ⓕ der Konsum

2 ⓐ Temperaturen ⓑ Regenzeit ⓒ Klimaanlage
ⓓ umweltfreundliche ⓔ Elektroautos ⓕ Katastrophen

3 ⓐ Wissenschaft ⓑ Technologie ⓒ Erfindungen
ⓓ Recherche ⓔ Entwicklungen ⓕ Technik
ⓖ Klimaanlage ⓗ Energie ⓘ Kraftwerke

Gesellschaft und Recht 사회와 법

1 ⓐ der Beweis ⓑ stehlen ⓒ global
ⓓ die Mahnung ⓔ das Gesetz ⓕ anzeigen
ⓖ illegal ⓗ die Steuer

2 ⓐ richtig ⓑ falsch ⓒ falsch
ⓓ richtig ⓔ falsch

3 ⓐ auswandern ⓑ Ausland ⓒ Botschaft
ⓓ Visumantrag ⓔ Aufenthaltstitel ⓕ Arbeitserlaubnis
ⓖ heimisch

Politik und Geschichte 정치와 역사

1 ⓐ Die Grünen ⓑ ① ⓒ ② ⓓ ①

2 ⓐ Bundesländer ⓑ Grenze (Grenzen) ⓒ Bundestag
ⓓ Demokratien ⓔ Diskriminierung ⓕ Der Präsident / der Präsident
ⓖ Stimmen

3 ① Staaten ② Gewalt ③ Feind
④ angreifen ⑤ gekämpft ⑥ sterben

Sprache 언어

3

Max: Janine, hast du die Mathe-Hausaufgaben gemacht?

Janine: Ne, Max, ich hatte gestern echt keine Zeit. Wir haben ja morgen unsere Klassenarbeit in Französisch.

Max: Ja, dafür lerne ich auch schon die ganze Zeit. Gestern habe ich 2 Stunden lang Vokabeln auswendig gelernt.

Janine: 2 Stunden Vokabeln? Das ist ja nichts. Du, ich habe die ganze Grammatik von vorne bis hinten wiederholt. Ich weiß jetzt, wie man Verben in die Vergangenheit setzt und wie man das Futur bildet.

Max: Ja, das muss ich auch noch machen. Ich finde ja die Aussprache extrem schwierig. Ich weiß nie, welche Buchstaben man ignoriert und auf welcher Silbe man die Wörter betonen muss.

Janine: Wenn du willst, können wir uns ja mal zusammensetzen und das gemeinsam üben. Meine Aussprache ist auch nicht perfekt. Ich klinge so, als hätte ich Schnupfen.

Max: Ja, lass uns das machen. Ich will irgendwann auch eine richtige Prüfung ablegen, um ein Zertifikat für das C1-Niveau zu bekommen. Mein großer Traum ist es, in Paris zu leben und zu arbeiten.

Janine: Ernsthaft? Ich hatte gar keine Ahnung, dass du dorthin ziehen willst. OK, dann treffen wir uns heute nach der Schule, um Französisch zu üben.

Max: Geht klar. Aber von wem bekomme ich jetzt die Mathe-Hausaufgaben?

Meinung / Diskussion   의견 / 토론

1   ⓐ A: Ich glaube, die meisten Leute geben ihr Geld für Dinge aus, die sie nicht brauchen.
    B: Warum denkst du das?
    A: Schau doch mal, wie viele Leute sich ständig neue Kleidung kaufen. Braucht man wirklich 20 unterschiedliche Hosen? Oder muss man sich immer nach den aktuellen Modetrends richten?

   ⓑ A: Sabine, wie wär's, wenn wir uns heute Abend zusammen etwas anschauen? Nur wir beide und eine Flasche Sekt. Wir legen eine DVD ein, machen es uns vorm Fernseher gemütlich und betrinken uns ein bisschen. Das wird bestimmt lustig.
    B: Oh ja, lass uns das machen. Wir haben schon so lange nichts mehr zusammen gemacht.

   ⓒ A: Du, Sabine, die neue Kollegin ist überhaupt nicht qualifiziert für den Job.
    B: Du hast total recht. Ich weiß nicht, was sich der Chef dabei gedacht hat, sie einzustellen.
    A: Ja, das fragt sich hier jeder im Büro.

   ⓓ A: Markus, lass uns diesen Winter Skifahren gehen.
    B: Ne, das halte ich für keine gute Idee. Beim letzten Mal hätte ich mir fast das Genick gebrochen.
    A: Ach, dieses Mal fällst du ganz bestimmt nicht aus dem Skilift.

   ⓔ A: Strohhalme in Cafés zu verbieten, das bringt doch nichts. Damit hilft man der Umwelt doch kaum.
    B: Da muss ich dir widersprechen. Mit irgendetwas muss man ja anfangen. Es ist ein kleiner Schritt in die richtige Richtung.

듣기지문

Medien und Technik   미디어와 기술

1

ⓐ A: Peter, kommst du zu meiner Geburtstagsparty?
B: Ja, klar, wie viele Leute kommen denn?
A: So um die 30 sind eingeladen.
B: Cool, das wird bestimmt gut. Soll ich Alkohol oder was anderes mitbringen?
A: Ne, passt schon. Bring einfach gute Laune mit.
B: Wird gemacht. Aber sag mal, wo genau wohnst du eigentlich?
A: Ich schick dir eine [NACHRICHT] mit der Adresse.
B: Danke dir.

ⓑ A: Das ist jetzt schon die fünfte Folge von diesem Anime. Ist das nicht schon total alt? Wieso läuft der noch im [FERNSEHEN]?
B: Weil es richtig viele Fans gibt. Ich habe mir sogar alle Mangas durchgelesen.

ⓒ A: Klaus, kann ich dich kurz was fragen?
B: Ja, was ist denn?
A: Ich war nicht in der letzten Vorlesung, weil ich krank war. Hast du zufälligerweise Notizen gemacht?
B: Ja, willst du die haben?
A: Das wäre super nett von dir.
B: Geht klar. Ich tippe sowieso immer alles mit. Ich schicke dir einfach eine PDF-[DATEI].
A: Oh, super! Warte, ich gebe dir schnell meine E-Mail-Adresse!

ⓓ A: Sag mal, weißt du zufälligerweise, wie viel das neue Auto hier kostet?
B: Das neue Modell? Das ist bestimmt richtig teuer. Warte, ich [GOOGLE] das mal schnell… Siehst du? 52.000 Euro.

ⓔ A: Liest du Bücher, Simon?
B: Ja.
A: Und was für Bücher so?
B: Meistens Psychothriller. Alles andere ist mir zu langweilig.
A: Psychothriller? Von welchem [SCHRIFTSTELLER]?
B: Bastian Fitz? Schon mal gehört?
A: Ja, der Name sagt mir was…

Gesundheit 건강

3

ⓐ Mein Sohn hatte letzte Woche bei einem Volleyballspiel einen Unfall. Er spielt schon seit 10 Jahren, deshalb sind Verletzungen nichts Neues für mich. Aber letzte Woche war es ein bisschen extrem. Der Ball ist ganz unglücklich auf seinem Daumen aufgekommen. Der Daumen ist richtig dick angeschwollen und ich habe ihn natürlich sofort ins Krankenhaus gebracht. Da hat man ihm gesagt, dass...

ⓑ Ich habe gestern angefangen, eine Kartoffeldiät zu machen. Das ist ganz einfach. Man darf so viele Kartoffeln essen, wie man will, aber auf Süßigkeiten und Fleisch soll man verzichten. Mein Ziel ist es,...

ⓒ Ich habe vor 10 Monaten meine kleine Tochter auf die Welt gebracht. Ich möchte, dass es ihr gut geht und gehe deshalb regelmäßig zum Kinderarzt. Weil meine Tochter bald ein Jahr alt wird, hat er mir gesagt, dass...

ⓓ Ich bin Taxifahrer von Beruf. Du willst nicht wissen, was für Leute ich jeden Freitagabend nach Hause bringen muss. Gestern war wieder so ein Freitagabend, auf den ich am liebsten verzichtet hätte. Um 2 Uhr nachts standen drei Leute an der Straße, die offensichtlich ein Taxi nehmen wollten. Also habe ich angehalten und sie einsteigen lassen. Aber als der erste eingestiegen ist, habe ich schon gedacht, o je, der hat aber ordentlich Alkohol getrunken. Man hat den Alkohol im ganzen Auto gerochen. Der dritte hat die ganze Fahrt über nichts gesagt. Am Ende dann, als sie bezahlt hatten, haben seine zwei Freunde ihn geweckt und ihm gesagt, dass er aussteigen muss. Doch kurz vorm Aussteigen...

ⓔ Als ich vor drei Tagen bei meiner Oma war, hat sie den ganzen Tag nur gehustet. Ich habe sie gefragt, ob sie krank ist, aber sie meinte nur, sie hätte einen trockenen Hals. Von wegen trockener Hals. Meine Oma sagt das immer, wenn sie in Wirklichkeit krank ist. Jetzt bin ich auch erkältet und ich bin mir sicher, dass...

Arbeit 일

2. Mein Mann und ich haben 2010 zusammen ein Geschäft aufgemacht. Unsere Smoothie-Firma heißt Fruchtig-Saftig. Wir haben sie ohne Erfahrung in dem Bereich gegründet. Wir hatten trotzdem keine großen Probleme. Aber als wir dann drei Jahre später unsere Tochter Luisa bekommen haben, hat sich alles geändert. Anfangs habe ich gedacht, dass ich zu Hause bleiben kann, aber da habe ich es nur zwei Wochen ausgehalten. Ich habe meine Tochter einfach auf die Arbeit mitgenommen. Das ist schließlich der große Vorteil der eigenen Firma. Mein Baby war einfach bei den Meetings dabei. Unsere Tochter hat tagsüber immer schön geschlafen, was sehr praktisch ist, wenn man in einer Besprechung sitzt, aber das heißt auch, dass sie nachts wach war. Ich wollte nachts aber nicht aufstehen, um unsere Tochter durch die Gegend zu tragen, also hat mein Mann diese Aufgabe übernommen. Dadurch konnte er aber morgens nicht zur Firma fahren. Er hat dann angefangen nur noch in Teilzeit zu arbeiten. Wir haben beide Spaß an Arbeit und Kindern, aber nicht am Haushalt. Wir haben deshalb eine Haushaltshilfe eingestellt, die den Einkauf macht, Wäsche wäscht und ein bisschen kocht. Wir hatten uns irgendwann so an dieses Arrangement gewöhnt, dass wir es bei unserem zweiten Kind ganz genauso gemacht haben. Unsere Tochter ist jetzt 7 und unser Sohn 3. Letzte Woche ist unsere langjährige Haushaltshilfe leider in Rente gegangen. Wir haben daraufhin sofort eine Anzeige geschaltet. 3 Leute haben sich schon beworben und morgen haben wir das erste Vorstellungsgespräch mit einem Kandidaten. Ich hoffe, dass er zu uns und unseren Kindern passt.

Urlaub und Freizeit   휴가와 여가시간

1 Diese Woche überraschen wir sie mit einem exklusiven Sonderangebot! Wollten Sie schon immer mal nach Bali, aber der Urlaub war einfach zu teuer? Wir schicken Sie und Ihren Partner oder Ihre Partnerin für nur 450 Euro pro Person in den Urlaub! Das klingt zu gut, um wahr zu sein? Wir haben noch mehr! 4-Sterne-Hotel, Flug und Reiseversicherung sind im Preis enthalten. Buchen Sie schnell. Das Angebot ist begrenzt und nicht stornierbar.

3 ⓐ:Mein Hobby kann ich alleine machen, aber ich brauche ein Gerät für mein Hobby. Ohne diesem Gerät kann ich mein Hobby nicht machen. Aber viele haben das Gerät schon, ohne es sich extra zu kaufen. Eine kleine Version ist in fast allen Handys eingebaut.

ⓑ:Ich mache mein Hobby am liebsten im Freien. Es geht auch drinnen, aber da fühle ich mich weniger frei. Ich mache mein Hobby nie alleine. Mein treuer Begleiter trägt mich immer auf seinem Rücken. Dafür muss ich mich auch um ihn kümmern, das gehört bei meinem Hobby genauso dazu, wie ein Schutzhelm.

ⓒ:Am Anfang sollte man in der Halle trainieren. Das habe ich auch so gemacht. Nach so einem Jahr kann man es auch draußen probieren. Obwohl es in der Halle in Ordnung ist alleine zu trainieren, für Expeditionen in der Natur braucht man immer eine zweite Person, weil der Sport doch etwas gefährlich ist.

ⓓ:Für mein Hobby gibt es keine Uniform, aber die meisten machen sich schick dafür. Aber das muss man nicht. Da ich mein Hobby meist in der Nacht bis Früh am morgen mache, brauche ich meistens einen oder zwei Energydrinks. Aber um diese Zeit beißen nunmal die meisten Fische, wenn Sie wissen was ich meine.

ⓔ:Die frühen Morgenstunden sind meine Lieblingstageszeit. Ich liebe die Stille und Ruhe. Deshalb mag ich auch mein Hobby sehr gern. Ich mag die Zeit für mich alleine, weg von dieser stressigen Welt, nur ich und die Natur. Manchmal begleitet mich auch jemand, dann haben wir immer viel Zeit zum Reden und manchmal wird es fast schon philosophisch.

듣기지문

Erfahrungen im Leben 인생의 경험

3

Gehard: Ulrike, hast du schon gehört?

Ulrike: Was hab ich gehört?

Gerhard: Dass der Nachbarsjunge ins Gefängnis muss.

Ulrike: Nein! Sag nicht! Wo hast du das denn her?

Gerhard: Von den Schmidts. Die haben gesehen, wie die Polizei den Sohn der Müllers festgenommen hat.

Ulrike: Ach du meine Güte, wann ist das denn passiert?

Gerhard: Gestern Abend. Die Polizei ist zu den Müllers nach Hause gefahren und hat den Sohn dann mitgenommen.

Ulrike: Und jetzt sitzt der im Gefängnis?

Gerhard: So weit ich weiß, ja. Die Schmidts haben gesagt, dass der Junge wohl etwas gestohlen hat.

Ulrike: Gestohlen?!

Gerhard: Ja, teuren Schmuck von einer seiner Lehrerinnen.

Ulrike: Nein! Wie denn das?

Gerhard: Ich habe gehört, dass er bei seiner Mathelehrerin eingebrochen ist, als sie im Urlaub war. Sie hatte wohl das Fenster aufgelassen, bevor sie in den Urlaub geflogen ist, und als sie zurückkam, war der Schmuck weg.

Ulrike: Hat er den Schmuck verkauft?

Gerhard: Nein, er hat den gestohlenen Schmuck seiner Freundin geschenkt. Die Freundin ist dann mit dem Schmuck zur Schule gegangen und wurde dort von der Mathelehrerin gesehen. Sie hat den gestohlenen Schmuck natürlich sofort erkannt und das Mädchen gefragt, wo sie ihn herhat. Weil das Mädchen nichts von dem Diebstahl wusste, hat sie der Lehrerin einfach gesagt, dass sie ihn von ihrem Freund bekommen hat.

Ulrike: Mann, ich wusste ja schon immer, dass der Sohn der Müllers nicht der Klügste ist, aber für so dumm habe ich ihn dann doch nicht gehalten…

Beziehungen 관계

1 Emilia: Meine beste Freundin ist Rosalie. Wir machen einfach alles gemeinsam. Ich erzähle ihr jedes Geheimnis und sie mir ihre. Letztes Mal hat sie mir erzählt, dass sie sich verliebt hat. In Oswald. Oswald ist ein Freund von uns. Wir kennen ihn schon seit der Grundschule. Ich dachte ja schon immer, dass die beiden eine gute Chemie haben. Also hat es mich nicht verwundert, aber Rosalie macht sich sorgen, dass sie mit einer Beziehung die Freundschaft kaputt machen könnte.
Als ich das meinem Opa Hubert erzählt habe, hat er nur gesagt, dass Liebe sowieso nicht funktioniert. Mein Opa ist gerade sehr enttäuscht von der Liebe. Meine Oma Regina hat ihn nach 45 Jahren Ehe betrogen. Sie ist mit einem jungen Franzosen durchgebrannt. Die Scheidungspapiere hat sie meinem Opa mit der Post geschickt. Wenn man mit Opa über Liebe spricht, erinnert er sich nur an Regina und Luis. Mein Opa hat Luis zwar noch nicht getroffen, aber er hasst ihn jetzt schon.
Ich kann das verstehen. Ich finde das auch nicht so toll von Oma. Aber sie hat mir gesagt, dass sie es zuhause einfach nicht mehr ausgehalten hat. Das kann ich auch verstehen, manchmal geht es einfach nicht mehr.

듣기지문

Umwelt 환경

2

Anna: Boa, Philipp, es ist so heiß. Ich kann nicht mehr. Täusche ich mich, oder ist es heißer geworden?

Philipp: Du hast recht, Anna. In den letzten Jahren waren die Temperaturen noch nicht so hoch. Aber ich denke auch, dass es schwüler ist. Der Regen hört einfach nicht mehr auf. Letztes Jahr hatten wir nur genau zwei Wochen Regenzeit.

Anna: Ja, total. Wenn ich nur aus dem Haus gehe, bin ich schon total verschwitzt. Ich bin so froh, dass wir uns dieses Jahr eine Klimaanlage installieren lassen haben. Ohne die wäre ich schon gestorben.

Philipp: Der Klimawandel ist endlich da. Und in den Geschäften merkt man das auch ein bisschen. Es gibt super viele umweltfreundliche Produkte. Noch vor ein paar Jahren musste man in einen Spezialladen gehen, um etwas ohne Plastikverpackung zu kaufen.

Anna: Voll. Ich verwende auch seit ein paar Monaten ein Seifenshampoo. Das produziert weniger Müll und ist genauso toll. Auf der Straße fallen mir auch immer die Elektroautos auf. Ich kann mich noch daran erinnern, dass alle gemeint haben Elektroautos sind nicht gut und sie werden sich nie eines kaufen. Und plötzlich sind sie überall!

Philipp: Ja, es hat sich einiges getan. Aber das mit den vielen Überschwemmungen und Hitzewellen macht mir schon Sorgen. Es fühlt sich so an, als würde es jede Woche woanders brennen und eine weitere Stadt unter Wasser stehen. Vor 5 Jahren war eine Überschwemmung noch eine Sensation.

Anna: Ja... Immer sind Katastrophen in den Nachrichten. Aber vielleicht wachen die Menschen jetzt endlich auf und es wird etwas unternommen... Ich sollte auch mehr für die Umwelt machen.

Philipp: Du hast recht. Wir sollten alle mehr tun...

Gesellschaft und Recht 사회와 법

2 A: In jeder Gesellschaft gibt es Probleme und jede Gesellschaft muss ihre eigenen Lösungen für diese Probleme finden. Hier in Deutschland haben wir derzeit zwei große Probleme. Zum einen ist das die Überalterung der Gesellschaft und zum anderen ist es die Armut, die es immer noch in unserem Land gibt.
Obwohl Deutschland immer mehr Bewohner hat, gibt es immer weniger junge Menschen. Die Zahl der Jugendlichen ist um 5 % zurückgegangen. Das wiederum führt zu einem Generationenkonflikt und zu finanziellen Problemen. Die Jungen müssen arbeiten, damit die Alten ihre Pension erhalten. Aber wenn es mehr Pensionisten als Arbeitskräfte gibt, funktioniert das System nicht mehr. Bevor das passiert, müssen wir schnell etwas unternehmen. Eine Möglichkeit wäre die Migration nach Deutschland zu erleichtern.
Das zweite Problem ist die Armut. Deutschland gilt als reiches Land, dennoch sind etwa 15 % der Bevölkerung von Armut bedroht. Wir versuchen diese Menschen so gut wie möglich finanziell zu unterstützen, aber mit Geld allein kann dieses Problem nicht gelöst werden. Zusätzlich bieten wir zahlreiche kostenlose Förderungsprogramme an. Es gibt Finanzberatungen, Geldmanagement- und Sprachkurse. Zudem werden Stipendien vergeben. Mit diesen Programmen wollen wir es den Menschen ermöglichen, der Armut zu entfliehen.

듣기지문

Politik und Geschichte   정치와 역사

1

Gülcan: Und, Simon? Bist du gestern wählen gegangen?

Simon: Du, Gülcan, ich gehe nicht wählen. Politik ist reine Zeitverschwendung.

Gülcan: Also, das sehe ich aber ein bisschen anders.

Simon: Ja, du kannst das gerne sehen, wie du willst. Ich habe halt meine Meinung. Aber rein interessehalber, wen hast du denn gewählt?

Gülcan: Ich wähle die Grünen.

Simon: Eine Grüne, he? Ist dir die Umwelt wichtig, oder warum?

Gülcan: Der Umweltschutz ist natürlich ein Grund, aber ich bin auch dafür, dass man den Waffenexport stoppt. Außerdem brauchen wir mehr und bessere Betreuungsmöglichkeiten für Kleinkinder.

Simon: Ja, ich finde das, was du genannt hast, auch nicht schlecht, aber wie finanzieren die Grünen das denn? Die Partei hatte über 20 Jahre lang überhaupt keine Ideen und jetzt wollen sie, dass die Reichen mehr Steuern zahlen. Die sind mir einfach zu öko.

Gülcan: Wenn dir die Grünen zu öko sind, warum wählst du dann nicht so eine Partei wie die CDU? Die nehmen den armen Reichen bestimmt nicht ihr vieles Geld weg.

Simon: Ach, die CDU… Ich bin nicht christlich. Ich bin mit 18 direkt aus der katholischen Kirche ausgetreten, weil ich diesen Verein auf keinen Fall unterstützen will. Die CDU ist zwar nicht direkt katholisch, aber nicht weniger heuchlerisch. Die sagen, sie sind Christen, aber dann ziehen sie mit Amerika in den Irakkrieg. Sollen Christen ihren Nächsten nicht so lieben wie sich selbst?

Gülcan: Da ist was dran… Dann wähl die SPD. Die sind weniger öko, weniger christlich und sie versuchen Konflikte friedlich zu lösen und nur dann Krieg zu führen, wenn es nicht anders geht.

Simon: Die SPD, ich bitte dich. Die SPD macht alles mit, was die CDU will. Und jetzt herrscht dort sowieso Chaos.

Memo

독일어 B1 필수어휘 - WORTLISTE B1

2판 5쇄 발행 | 2025년 10월 15일
지은이 | Elisabeth Baum, Samuel Trippler

번역 | 임예빈, 이윤복
감수 | Maria Loitzenbauer, Damian Pi
디자인 | 백현지

발행인 | 안희철
펴낸곳 | 노이지콘텐츠(주)
출판등록 | 2014년 1월 17일 (등록번호 301-2014-015)
주소 | 서울특별시 금천구 디지털로 178, B동 1612-13호(가산동)
이메일 | info@noisycontents.com

ISBN 979-11-6614-748-7(13750)

* 본 책은 저작권법에 의해 보호를 받는 저작물이므로 무단 전재와 복제를 금합니다.
* 잘못된 책은 구입처에서 교환하여 드립니다.